843507LV00012B/2503

گل بوٹے سلور سیریز

بچّوں کی نظمیں

نظیر اکبرآبادی

مرتّب

محسن ساحل

محرّک

فاروق سیّد، مدیر گل بوٹے

بچوں کی نظمیں – نظیر اکبرآبادی

مرتب : محسن ساحل

محرک : فاروق سیّد

ناشر : گل بوٹے پبلی کیشنز، ممبئی

بسلسلۂ گل بوٹے سلوَر جوبلی جشن – ستمبر 2019ء

کمپوزنگ : یسریٰ گرافکس، پونہ

سرورق : ریحان کوثر، کامٹی

ملنے کے لیے رابطہ : 09867169383 (کوثر احمد)

09892461465 (محمد شریف)

ISBN: 978-81-943074-0-2

Bachchon ki Nazmein - Nazeer Akbarabadi

Compiler: Mohsin Sahil

Motivator: Farooque Sayyed

Publisher: Gul Bootey Publications, Mumbai

Commemorating Gul Bootey Silver Jubilee Celebration - Sept. 2019

انتساب

اپنی مرحومہ امّی

مہرالنساء اکبر مالدار

اور

اپنے مرحوم ابّا

اکبر سیف الدین مالدار

کے نام
جن کی محبتیں اور رہنمائی
نے میری زندگی کو کامیاب بنایا۔

منجانب

سلطان مالدار

عرضِ ناشر

پیارے بچو!

السلام علیکم ورحمۃ اللہ!

آج کا دن اور یہ خوب صورت موقع ہمارے لیے کسی انمول تحفے سے کم نہیں۔ آج ہمارا پسندیدہ رسالہ ماہنامہ 'گل بوٹے' ممبئی اپنی تاسیس کے پچیس سال مکمل کر رہا ہے۔ اس پرمسرّت موقع پر ہم اللہ رب العزت کی بارگاہ میں نذرانۂ تشکر پیش کرتے ہیں جس نے ہمیں یہ مبارک دن دِکھایا۔ 'گل بوٹے' کی اشاعت کے پچیس برس مکمل ہونے پر ہم اپنے ان تمام ننھے ساتھیوں کو دلی مبارک باد پیش کرتے ہیں جو اپنے پسندیدہ رسالے سے ابتدا ہی سے جڑے رہے۔ جنھوں نے گل بوٹے کو اپنا رسالہ سمجھا، اس کا ہر مہینے بڑی شدت سے انتظار کیا، اسے پابندی سے خریدا، اس کے خوب صورت مشمولات کو پسند کیا، اس کی قیمتی باتوں کو ذہن نشین کرکے ان پر عمل کیا۔ ان تمام ساتھیوں کو بھی مبارک باد جو گل بوٹے کی ترویج و ترقی اور اسے گھر گھر پہنچانے میں ہمیشہ کوشاں رہے، اس کی ترتیب و اشاعت میں اپنے قیمتی مشوروں سے نوازا، مشکل ترین حالات میں اپنی توجہ اور تعاون سے گل بوٹے کے کم سواد مدیر کی ڈھارس بندھائی، گل بوٹے ٹیم کی کوششوں کو سراہتے ہوئے ان کی حوصلہ افزائی کی، گل بوٹے کے ساتھ سفر کرتے ہوئے اپنے بچپن کو لڑکپن اور لڑکپن کو نوجوانی میں تبدیل کیا۔ آج کا دن ان تمام ننھے فرشتوں اور نوجوان دوستوں کے لیے نویدِ جاں فزا لے کر آیا ہے اور آج یہی تمام ساتھی مبارک باد کے مستحق ہیں۔ آپ تمام کو کامیابی و کامرانی کے یہ پُرمسرّت لمحات بہت بہت مبارک ہوں!

عزیز ساتھیو! ہمارے ملک میں بچوں کے رسائل کی تاریخ درخشاں رہی ہے۔ ایک زمانہ تھا جب ملک کے مختلف شہروں سے بڑی تعداد میں بچوں کے رسائل نکلتے تھے۔ آج بھی قدرے کم تعداد میں سہی لیکن بچوں کے رسائل برابر نکل رہے ہیں۔ ممبئی جیسے اُردو آبادی والے بڑے شہر سے ایک عرصے سے بچوں کے ایک معیاری رسالے کی ضرورت محسوس کی جاتی تھی۔ اللہ کا شکر ہے کہ اس نے ہمیں توفیق بخشی اور ہم نے اللہ کا نام لے کر تن تنہا اس راہ پر قدم بڑھایا اور دیکھتے ہی دیکھتے گل بوٹے کے تئیں ہمارے جنون نے پچیس بہاریں مکمل کرلیں۔ اگرچہ زمانے کی نظر میں پچیس برس کوئی بڑی مدت نہیں ہوتی لیکن کسی رسالے کے لیے اور وہ بھی اُردو زبان میں بچوں کے رسالے کے لیے ایک یہ ایک بہت بڑی مدت ہے۔ یہ ایک ایسی مدت ہے جسے کسی جنون یا دیوانگی کے سہارے ہی پورا کیا جاسکتا ہے۔ ان پچیس برسوں میں گل بوٹے نے ترقی کے کئی رنگ دیکھے۔ پہلے پہل اسے سادے کاغذ پر یک رنگی شائع کیا گیا۔ پھر پرنٹ میڈیا میں آئے انقلابات پر لبیک کہتے ہوئے آرٹ پیپر اور مکمل رنگینی کو اپنایا۔ اس دوران گل بوٹے زمانے کے شانہ بہ شانہ چلتا رہا لیکن اس نے تعلیمی، اخلاقی اور تہذیبی رہنمائی کے اپنے مشن سے صرفِ نظر نہیں کیا بلکہ فکری طور پر پوری قوت سے اپنے مشن پر ہمیشہ گامزن رہا۔

ہمیں اس حقیقت کا اظہار کرتے ہوئے بڑی مسرت ہورہی ہے کہ جیسے ہی ہم اپنی تاسیس کے پچیسویں سال کی طرف بڑھ رہے تھے، ہم گل بوٹے کی سلور جوبلی کچھ منفرد انداز میں منانے کا سوچ رہے تھے اور جلد ہی ہم نے یہ عزم کیا کہ گل بوٹے کی پچیسویں سالگرہ پر ہم بچوں کے ادب کو نادر موضوعات پر پچیس کتابوں کا تحفہ دیں گے۔ الحمد للہ! ثم الحمد للہ! ہمیں خوشی ہورہی ہے کہ اللہ تعالیٰ نے ہمارے اِس عزم کی لاج رکھ لی اور ہم آج مختلف موضوعات پر پچیس کتابیں شائع کرنے میں کامیاب ہوئے ہیں۔ بچوں کی ادیبوں کی ڈائرکٹری الگ۔

بچوں کے ادب پر یہ پچیس کتابیں گل بوٹے کے ادارۂ تحریر کے رفقا یعنی ٹیم گل بوٹے

کی محنتوں کا ثمرہ ہے۔ ان کتابوں میں ٹیم گل بوٹے نے ان تمام موضوعات کو سمیٹنے کی کامیاب کوشش کی ہے جو اُردو میں بچوں کے ادب کے زرّیں عہد کے گواہ ہیں۔ یہ وہ موضوعات ہیں جو اب نایاب نہیں تو کمیاب ضرور ہیں البتہ یہ بھی حقیقت ہے کہ آج کسی ایک جگہ دستیاب نہیں۔ ٹیم گل بوٹے نے موضوعات کے انتخاب سے لے کر کتاب کی ترتیب و تدوین تک جس محنتِ شاقہ کا ثبوت فراہم کیا ہے اس کے لیے میں بحیثیت مدیر اور ناشر تمام مرتبین کا شکر گزار ہوں۔ ناسپاسی ہوگی اگر اس موقع پر اپنے عزیز دوست اور بال بھارتی پونہ کے اُردو افسر خان نوید الحق انعام الحق صاحب کا شکریہ ادا نہ کروں جن کی کرشماتی شخصیت نے کتابوں کی ترتیب سے لے کر سلور جوبلی تقریبات کے انعقاد تک ہر مشکل مرحلے میں میرے کندھے سے کندھا ملا کر کام کیا۔ ہر مرحلے پر ثابت قدمی دِکھاتے ہوئے کام کی پہل کی، اپنے وسیع تجربات کی روشنی میں کٹھن مراحل کو آسان بنا دیا اور اپنے آپ کو داعے درے سنخنے کلی طور پر اس کام کے لیے وقف کر دیا۔ ان احسانات کو صرف محسوس کیا جاسکتا ہے۔

زیرِ مطالعہ کتاب 'بچوں کی نظمیں - نظیر اکبرآبادی' جناب محسن ساحل نے مرتب کی ہے۔ آپ نے حتی الامکان اسے خوب سے خوب تر بنانے کی کوشش کی ہے اس لیے ادارہ گل بوٹے جناب محسن ساحل کا دِل کی گہرائیوں سے شکریہ ادا کرتا ہے۔

آپ کے اپنے ماہنامے 'گل بوٹے' کے جشنِ سیمیں کے موقع پر ہم ان تمام قلمکاروں، مراسلہ نگاروں اور قارئین کا شکریہ ادا کرتے ہیں جنھوں نے گزشتہ ربع صدی کے دوران ہر مرحلے پر ہمارا تعاون کرکے حوصلہ بڑھایا ہے۔ ہمیں اُمید ہے کہ بچوں کے ادب پر یہ پچیس کتابیں آج کے حالات میں ادبِ اطفال کی راہ متعین کرنے میں مشعلِ راہ ثابت ہوں گی۔ آپ کی گرانقدر آرا کا ہمیں انتظار رہے گا۔

والسلام

فاروق سیّد

عرضِ مرتب

یہ بات مختلف تاریخی حوالوں سے ثابت ہے کہ اردو میں ہمیشہ سنجیدہ ادب کا ہی بول بالا رہا ہے۔ بچّے کسی بھی قوم کا مستقبل ہوتے ہیں اور ان کی اخلاقی تربیت میں بزرگوں کا اہم حصہ ہوتا ہے۔ یہ بات بھی قابلِ ذکر ہے کہ ادبِ اطفال پر لکھنے والوں کی تعداد ابتدا سے اتنی کم رہی ہے کہ انھیں انگلیوں پر شمار کیا جاسکے۔ 'بچوں کے لیے لکھنا بچوں کا کھیل نہیں ہے' اس مقولے کو دھیان میں رکھا جائے تب بھی ادبِ اطفال کو ابتدا ہی سے سنجیدہ ادب کی طرح اہمیت نہیں دی گئی۔ آزادی سے پہلے اور تقسیم کے بعد ادبِ اطفال پر لکھنے والوں میں سرسید احمد خان، محمد حسین آزاد، نظیر اکبر آبادی، الطاف حسین حالی، حفیظ جالندھری، شفیع الدین نیّر، علامہ اقبال، اکبر الہ آبادی، افسر میرٹھی، اسمٰعیل میرٹھی، سیماب اکبر آبادی، کرشن چندر، ڈاکٹر ذاکر حسین، مرزا ادیب وغیرہ کے اسمائے گرامی شامل ہیں۔ جس معیار کا ادب اس زمانے میں تخلیق ہوتا تھا، وہ آج کم ہی نظر آتا۔ اس کی اہم وجہ یہ بھی ہے کہ بچوں کا ادب تخلیق کرنے والے قلم کار خالصتاً بچوں کے ادیب و شاعر ہوا کرتے تھے۔ افسر میرٹھی، اسمٰعیل میرٹھی، ڈاکٹر ذاکر حسین، شفیع الدین نیّر وغیرہ ایسے تخلیق کار تھے جنھوں نے ادبِ اطفال کے لیے اپنی زندگی وقف کردی۔ صرف یہی نہیں، آج بھی بہت سارے ادبا و شعرا ایسے ہیں جو بچوں کے ادب پر نہایت سنجیدگی سے کام کر رہے ہیں۔ ان میں مظفر حنفی، ندا فاضلی، ظفر گورکھپوری، عبدالرحیم نشتّر، وکیل نجیب، بانو سرتاج، متین اچل پوری، محبوب راہی، ظفر کمال، سلام بن رزّاق، شرف الدین ساحل اور دیگر نام اہم ہیں۔

بیشتر ادیبوں نے بچوں کے لیے بہت ساری کتابیں شائع کیں اور رسالے بھی جاری کیے۔ ملک کے مختلف علاقوں سے شائع ہونے والے رسالوں میں اُمنگ، پیامِ تعلیم، بچوں کی دنیا (دہلی)، نور اور ہلال (رامپور)، نیا کھلونا (کلکتہ)، گل بوٹے (ممبئی)، اچھا ساتھی (بجنور)، پھول (بھٹکل)، گلشنِ اطفال (مالیگاؤں) اور جنت کے پھول (ممبئی) وغیرہ شامل فہرست ہیں۔ ان رسالوں کے علاوہ برصغیر میں ادبِ اطفال کی ترویج کے لیے اُردو کی ادبی تنظیموں اور اِداروں نے بچوں کے ادب پر ہزاروں کتابیں شائع کروائیں جن میں نظمیں، مضامین، کہانیاں، ڈرامے اور دیگر مواد کی شمولیت ہے۔ ملک کی مختلف ریاستوں میں سرکاری سطح پر اسکولی نصابِ تعلیم میں ادبِ اطفال پر خاصی توجہ دی گئی ہے۔

۲۰ ویں صدی کی آخری دہائی اور ۲۱ ویں صدی کی ابتدائی دو اور نصف دہائیوں (یعنی پچیس برسوں) سے عروس البلاد ممبئی سے مسلسل شائع ہونے والا بچوں کا رسالہ 'گل بوٹے' ملک بھر میں ادبِ اطفال کی ترویج و اشاعت کے لیے نہایت اہم کردار ادا کر رہا ہے۔ گل بوٹے کے مدیر فاروق سیّد صاحب تقریباً ۲۵ برس سے زائد عرصہ گزرا کہ خونِ جگر سے اس رسالے کی آبیاری کر رہے ہیں۔ اب گل بوٹے صرف ایک رسالہ نہ رہ کر ادبی ادارے کی شکل اختیار کر چکا ہے۔ نہایت ہی خوشی کی بات ہے کہ امسال ادبِ اطفال پر عالمی سیمینار کی شکل میں ملک کی راجدھانی نئی دہلی میں گل بوٹے کی ۲۵ ویں سالگرہ کا جشن منایا جا رہا ہے۔ اس خاص موقع پر ادبِ اطفال پر مبنی ۲۵ کتابیں پیش کی جا رہی ہیں۔ یہ کتاب 'بچوں کی نظمیں (نظیرؔ اکبر آبادی)' اسی سلسلے کی ادنیٰ سی کاوش ہے۔

نظیرؔ اکبر آبادی کا شمار اُردو کے بڑے اور مقبول ترین شاعروں میں ہوتا ہے۔ وہ ہندوستان کے پہلے عوامی شاعر ہیں۔ نظیرؔ اگرچہ بنیادی طور پر بچوں کے شاعر نہیں تھے لیکن ان کے کلام میں بہت سارا مواد اخلاقیات پر مبنی ہے۔ ان کے ہاں ایسے بے شمار سخن پارے موجود ہیں جو بچوں کے لیے نہایت کار آمد اور دلچسپ ہیں۔ چونکہ نظیرؔ کی شاعری

عوامی شاعری ہے اس لیے ان کی شاعری جوانوں اور بزرگوں کے لیے جتنی اہمیت کی حامل ہے، اتنی ہی اہم بچوں کے لیے بھی ہے۔ نظیر کا اندازِ بیان بے حد دلچسپ، زبان سادہ، عنوانات عام فہم اور معمولاتِ زندگی سے حد درجہ ہم آہنگ ہیں۔ان تمام خوبیوں کی بنیاد پر بچے ان کا کلام نہایت دلچسپی سے پڑھتے ہیں۔نظیر اکبر آبادی کی اکثر نظمیں نصاب کا حصہ رہی ہیں۔ان تمام خصوصیات کے باوجود نظیر کی شاعری کو نظر انداز کیا گیا ہے۔نظیر پر تحقیق کا میدان اب بھی مزید توجہ چاہتا ہے تک۔ان تمام باتوں کو ذہن میں رکھتے ہوئے فاروق سید صاحب کے ایما پر راقم الحروف نے بچوں کے لیے نظیر کے کلام کو ترتیب دینے کا رادہ کیا۔میں نے ایک معمولی اختراعی کوشش کی ہے کہ نظیر کی مشہور نظموں کے ساتھ ساتھ غیر معروف کلام کو بھی اس کتاب کی زینت بنایا جائے۔میں فاروق سیّد صاحب کا تہہ دل سے شکر گزار ہوں کہ انھوں نے اس کتاب کی تہذیب و ترتیب کا موقع عطا کیا۔ساتھ ہی استاد محترم حسنین عاقبؔ صاحب، جن کی مشفقانہ تربیت، مربیانہ سرزنش اور ان کی خدمت کے دوران میں نے ان سے ادب کا الف سیکھا ہے، خان نوید الحق صاحب، جن کے ناصحانہ مشوروں نے اس کتاب کی تکمیل میں اہم رول ادا کیا، شریکِ حیات قمر جبین جو ہر قدم پر مجھے حوصلہ دیتی رہی، ان کے علاوہ جن جن حضرات نے جس طریقے سے بھی مجھے تعاون کیا ان تمام کا شکریہ ادا کرتا ہوں۔اُمید ہے یہ کاوش آپ کو ضرور پسند آئے گی۔بقول حسنین عاقبؔ

گنجائشیں تھیں جو ، انھیں لفظوں میں بھر دیا

جو کچھ بھی مجھ سے بن پڑا ، وہ پیش کر دیا

محسن ساحلؔ

فلیٹ نمبر 203،سائی ٹیولپ،
پلاٹ نمبر 16،سیکٹر 17،تلوجا فیز–2،نوی ممبئ
M.: 9881002221
mohsinsahiluk.@gmail.com

رہے نام اللہ کا

دنیا میں کوئی خاص نہ کوئی عام رہے گا   نہ صاحب مقدور نہ ناکام رہے گا

زردار ، نہ بے زر ، نہ بدانجام رہے گا   شادی نہ غم گردشِ ایام رہے گا

نہ عیش ، نہ دکھ درد ، نہ آرام رہے گا

آخر وہی اللہ کا اک نام رہے گا

مختاری کے خسرے سے جو کرتے ہیں سدا کام   یا جبر سے مجبوری کے رکھتے ہیں کئی دام

جب آ کے فنا ڈالے گی اک گردشِ ایام   اک آن میں اڑ جائے گا سب چیز کا الزام

مختار ، نہ مجبور ، نہ خود کام رہے گا

آخر وہی اللہ کا اک نام رہے گا

اب دل میں بڑے اپنے جو کہلاتے ہیں عیّار   سو مکر و دغا کرتے ہی اک آن میں تیار

جب آ کے فنا ڈالے گی سر کے اُپر اک وار   اک وار کے لگتے ہی ہو جاویں گے سب پار

نے مکر ، نہ حیلہ ، نہ کوئی دام رہے گا

آخر وہی اللہ کا اک نام رہے گا

کرتے ہیں جو اب دل سے ریاضات و عبادات   یا عمر کو کھوتے ہیں بہ رندی و خرابات

جب آ کے فنا چھوڑے گی شمشیر کا اک ہات   پھر صاف ہی دونوں کی گنہگاری و طاعات

نہ رند ، نہ عابد ، نہ مے آشام رہے گا

آخر وہی اللہ کا اک نام رہے گا

بیوپار جو کرتے ہیں ہر اک چیز کا زردار   آگے بھی دکانیں کئی تھیں اور کئی بازار

جس طور کا آپ چاہیے کر لیجیے بیوپار   پھر جنس نہ دلّال نہ مالک نہ خریدار

نہ نقد ، نہ کچھ قرض ، نہ کچھ دام رہے گا

آخر وہی اللہ کا اک نام رہے گا

یہ باغ و چمن اب جو ہر اک جا ہیں رہے پھول

یہ شاخ یہ غنچہ یہ ہرے پات یہ پھل پھول

آجاوے گی جب بادِ خزاں ان کے اُپر پھول

ہر خار کی ہر پھول کی اڑ جاوے گی سب دھول

نہ زرد ، نہ سرخ اور نہ سیہ فام رہے گا

آخر وہی اللہ کا اک نام رہے گا

تلقینِ توحید

گاتا ہے کوئی شوخ میں ، کرتا ہے کوئی حال
پھانکے ہے کوئی خاک ، اڑاتا ہے کوئی مال
ہنستا ہے کوئی شاد ، کسی کا ہے برا حال
روتا ہے کوئی ہو کے غم و درد میں پامال
ہر آن میں ہر بات میں ہر ڈھنگ میں پہچان
عاشق ہے تو دلبر کو ہر اک رنگ میں پہچان

ہے کوئی کوئی دوست کوئی جان کا دشمن
بیٹھا ہے پہاڑوں میں کوئی پھرتا ہے بن بن
مالا کوئی جپتا ہے کوئی شوخ میں سمرن
چھوڑے ہے کوئی مال سمیٹے ہے کوئی دھن
ہر آن میں ہر بات میں ہر ڈھنگ میں پہچان
عاشق ہے تو دلبر کو ہر اک رنگ میں پہچان

سختی کہیں ، راحت کہیں ، گردش کہیں سکنات
شادی کہیں ، ماتم کہیں ، نور اور کہیں ظلمات
تارے کہیں ، سورج کہیں ، برج اور کہیں دن رات
جب غور سے دیکھا تو اسی کے ہیں طلسمات
ہر آن میں ہر بات میں ہر ڈھنگ میں پہچان
عاشق ہے تو دلبر کو ہر اک رنگ میں پہچان
کیا حسن کہیں پایا ہے اللہ ہی اللہ

کیا عشق کہیں چھایا ہے اللہ ہی اللہ
کیا رنگ یہ رنگوایا ہے اللہ ہی اللہ
کیا نور یہ جھمکایا ہے اللہ ہی اللہ
ہر آن میں ہر بات میں ہر ڈھنگ میں پہچان
عاشق ہے تو دلبر کو ہر اک رنگ میں پہچان

کیا دھوپ ہے کیا سایا ہے اللہ ہی اللہ
کیا مہر ہے کیا مایا ہے اللہ ہی اللہ
کیا ٹھاٹھ یہ ٹھہرایا ہے اللہ ہی اللہ
کیا بھید نظیر آیا ہے اللہ ہی اللہ
ہر آن میں ہر بات میں ہر ڈھنگ میں پہچان
عاشق ہے تو دلبر کو ہر اک رنگ میں پہچان

کلمہ محمد ﷺ کا

رکھ اپنے دل میں اے آدم کے بن! کلمہ محمدؐ کا
اور اپنی انگلیوں اوپر بھی گن کلمہ محمدؐ کا
پڑھے ہیں سب پری اور دیو جن کلمہ محمدؐ کا
مسلماں ہو تو مت بھول اک چھن کلمہ محمدؐ کا

پڑھا کر صدق دل سے رات دن کلمہ محمدؐ کا

اسی کلمے کی برکت سے تو اب یاں بھی سلامت ہے
اگر یاں سے تو جاوے گا تو پھر واں بھی سلامت ہے
پڑھے گا جو اسے اس کا دل و جاں بھی سلامت ہے
اسی کی عاقبت بھی خیر و ایماں بھی سلامت ہے

پڑھا کر صدق دل سے رات دن کلمہ محمدؐ کا

یہی کلمہ تجھے واں جام کوثر کا پلاوے گا
یہی کلمہ تجھے گلزار جنت کا دکھاوے گا
یہی کلمہ ترا منہ چاند سا روشن بناوے گا
یہی کلمہ ترے ہر وقت پر واں کام آوے گا

پڑھا کر صدق دل سے رات دن کلمہ محمدؐ کا

یہی کلمہ نجات اور مغفرت کا ہے ترے چارا
اسی کلمے سے ہوگی روح تیری عرش کا تارا
اسی کلمے سے ہے ہم سب گنہگاروں کا چھٹکارا
اسی کلمے سے ہوگا دین اور دنیا کا نستارا

پڑھا کر صدق دل سے رات دن کلمہ محمدؐ کا

❧❧❧

توکل

اے دل کہیں تو جا کے نہ اپنی زباں ہلائے
اور درد دل کا اپنے کسی کو تو مت سنائے
مانگ اس سے جس کے ہاتھ سے تو پیٹ بھر کے کھائے
مشہور یہ مثل ہے کہوں کیا میں تجھ سے ہائے
غیر از خدا کے کس میں ہے قدرت ، جو ہاتھ اٹھائے
مقدور کیا کسی کا ، وہی دے وہی دلائے

کہنے کے تئیں اگرچہ وہ اب بے نیاز ہے
پر سب نیازمندوں کا اس پر ہی ناز ہے
جتنے ہیں بندے سب کا وہ بندہ نواز ہے
جتنی ہے خلق سب کا وہی کار ساز ہے
غیر از خدا کے کس میں ہے قدرت جو ہاتھ اٹھائے
مقدور کیا کسی کا وہی دے وہی دلائے

اہلِ جہاں ہیں جتنے تو ان سب کا چھوڑ ساتھ
نے پاؤں پڑ کسی کے تو اے دل نہ جوڑ ہاتھ
دو ہاتھ والے جتنے ہیں ان سب سے موڑ ہاتھ
اس سے ہی مانگ جس کے ہیں اب سو کروڑ ہاتھ
غیر از خدا کے کس میں ہے قدرت جو ہاتھ اٹھائے
مقدور کیا کسی کا وہی دے وہی دلائے

اس کے سوا کسی کے گَئے گر تو جائے گا
اس آبرو کو اپنی تو ناحق گنوائے گا
شرمندہ ہو کے یوں ہی تو خالی پھر آئے گا
بن حکم اس کے یار تو اک جو نہ پائے گا
غیر از خدا کے کس میں ہے قدرت جو ہاتھ اٹھائے
مقدور کیا کسی کا وہی دے وہی دلائے

زردار جس کو سمجھا ہے تو سیٹھ ساہوکار
یہ سب اسی سے مانگیں ہیں دن رات بار بار
ہرگز کسی کے سامنے مت ہاتھ کو پسار
پوری تری اسی کے دیے سے پڑے گی یار
غیر از خدا کے کس میں ہے قدرت جو ہاتھ اٹھائے
مقدور کیا کسی کا وہی دے وہی دلائے

زردار مالدار کے مت پھر تو آس پاس
محتاج ہو کے آپ وہ بیٹھا ہے جی اداس
ماں باپ یار دوست جگر سب سے ہو نراس
ہر دم اسی کریم کی رکھ دل میں اپنے آس
غیر از خدا کے کس میں ہے قدرت جو ہاتھ اُٹھائے
مقدور کیا کسی کا وہی دے وہی دلائے

بچوں کی نظمیں - نظیر اکبرآبادی

گلدستۂ قدرت

کہتا ہے گلاب ہر دم میں عطر سراسر ہوں — اور سیوتی کہتی ہے میں اس سے معطر ہوں

بیلا یہ پکارے ہے میں چاندی کا پتر ہوں — گل اشرفی کہتی ہے وہ کیا ہے میں بہتر ہوں

دنیا نا کہو اس کو یہ باغ ہے سربستہ

کیا دست سے قدرت کے باندھا ہے یہ گلدستہ

لالہ یہ سناتا ہے میں لعل کا پیالہ ہوں — سورج مکھی کہتی ہے میں اس کی بھی خالہ ہوں

سدبرگ یہ کہتا ہے سو درجہ میں بالا ہوں — گل جعفری کہتی ہے میں اس سے بھی اعلیٰ ہوں

دنیا نا کہو اس کو یہ باغ ہے سربستہ

کیا دست سے قدرت کے باندھا ہے یہ گلدستہ

کہتا ہے کنول ہر دم میں پاک نمازی ہوں — اور موگرا کہتا ہے میں مرد ہوں غازی ہوں

سوسن کی زباں بولی میں ترکی و تازی ہوں — گل باسی یہ کہتی ہے میں سب سے تازی ہوں

دنیا نا کہو اس کو یہ باغ ہے سربستہ

کیا دست سے قدرت کے باندھا ہے یہ گلدستہ

قدرت کے بنا جس نے اس باغ کی ڈالی ہے — کیا بولے نظیر آ گئے کیا خوب وہ مالی ہے

کیا نخل کا ڈالا ہے کیا پھول کی ڈالی ہے — سب کا وہی وارث ہے سب کا وہی والی ہے

دنیا نا کہو اس کو یہ باغ ہے سربستہ

کیا دست سے قدرت کے باندھا ہے یہ گلدستہ

خدا کی دی ہوئی نعمتیں

یہ نعمتیں عیاں ہیں ، دو عالم کے واسطے
ہیں گی یہ سب میاں ، اسی آدم کے واسطے
کچھ تن کے واسطے ہیں ، کچھ اشکم کے واسطے
ہیں بیش بیش کے لیے ، کم کم کے واسطے

سب خوبیاں بنی ہیں یہ ، آدم کے واسطے
اور دم بنا ہے آہ فقط غم کے واسطے

میوے ہیں جتنے خشک تر اس باغ میں لگے
بادام ، پستے ، داکھ ، چھہارے و کھوپرے
خوبوزے ، آم ، جامن و لیمو ، چکوترے
نارنگی و انار ، بہی ، کولے ، سنگترے

سب خوبیاں بنی ہیں یہ ، آدم کے واسطے
اور دم بنا ہے آہ فقط غم کے واسطے

دنیا میں جتنے لوگ ہیں ، کیا شاہ کیا فقیر
سب سکھ میں ہیں ، پر ایک نہ اک دکھ میں ہے اسیر
کیا عشرتیں بہار کی ، کیا عیش دل پذیر
جن جن کا تم نے نام لیا اب ، میاں نظیر

سب خوبیاں بنی ہیں یہ ، آدم کے واسطے
اور دم بنا ہے آہ فقط غم کے واسطے

❀❀❀

فقیروں کی صدا

بٹ مارا جل کا آ پہنچا ٹک اس کو دیکھ ڈرو بابا

اب اشک بہاؤ آنکھوں سے اور آہیں سرد بھرو بابا

دل ہاتھ اُٹھا اس جینے سے لے پس من مار مرو بابا

جب باپ کی خاطر روتے تھے اب اپنی خاطر رو بابا

تن سوکھا ، کبڑی پیٹھ ہوئی ، گھوڑے پہ زین دھرو بابا

اب موت نقارہ باجے گا چلنے کی فکر کرو بابا

اب جینے کو تم رخصت دو اور مرنے کو مہمان کرو

خیرات کرو ، احسان کرو یا پان کرو یا دان کرو

یا پوری لڈّو بٹواؤ یا خاصہ حلوا مان کرو

کچھ لطف نہیں اب جینے کا اب چلنے کا کچھ دھیان کرو

تن سوکھا ، کبڑی پیٹھ ہوئی ، گھوڑے پہ زین دھرو بابا

اب موت نقارہ باجے گا چلنے کی فکر کرو بابا

یہ پاؤں گھسٹ کر چلنے سے مت رستے کو حیران کرو

اور پوپلے منہ سے روٹی کو مت مل مل کر ہلکان کرو

ان آپ ہوئے تم پانی سے مت پانی کا نقصان کرو

کچھ لابھ نہیں ہے جینے میں اب مرنے سے پہچان کرو

تن سوکھا ، کبڑی پیٹھ ہوئی ، گھوڑے پہ زین دھرو بابا

اب موت نقارہ باجے گا چلنے کی فکر کرو بابا

گر اچھی کرنی ، نیک عمل ، تم دنیا سے لے جاؤ گے

تو گھر بھی اچھا پاؤ گے اور بیٹھ کے سکھ سے کھاؤ گے

اور ایسی دولت چھوڑ کے تم جو خالی ہاتھوں جاؤگے
کچھ بات نہیں بن آنے کی ، گھبراؤگے پچھتاؤگے
تن سوکھا ، کبڑی پیٹھ ہوئی ، گھوڑے پہ زین دھرو بابا
اب موت نقارہ باجے گا چلنے کی فکر کرو بابا

یہ عمر جسے تم سمجھے ہو ، یہ ہر دم تن کو چنتی ہے
جس لکڑی کے بل بیٹھے ہو ، دن رات یہ لکڑی گھنتی ہے
تم گٹھری باندھو کپڑے کی اور دیکھ اجل سر دھنتی ہے
اب موت کفن کے کپڑے کا یاں تانا بانا بنتی ہے
تن سوکھا ، کبڑی پیٹھ ہوئی ، گھوڑے پہ زین دھرو بابا
اب موت نقارہ باجے گا چلنے کی فکر کرو بابا

کچھ دیر نہیں اب چلنے میں کیا آج چلو یا کل نکلو
کچھ کپڑا لتّا لینا ہو سو جلدی باندھ سنبھل نکلو
اب شام نہیں اب صبح ہوئی جوں موم پگھل کر ڈھل نکلو
کیوں ناحق دھوپ چڑھاتے ہو بس ٹھنڈے ٹھنڈے چل نکلو
تن سوکھا ، کبڑی پیٹھ ہوئی ، گھوڑے پہ زین دھرو بابا
اب موت نقارہ باجے گا چلنے کی فکر کرو بابا

یہ اونٹ کرائے کا یارو ، صندوق جنازہ باری ہے
جب اس پر ہو سوار چلے پھر گھوڑا ہے نہ عماری ہے
کس نیند پڑے تم سوتے تھے ، یہ بوجھ تمھارا بھاری ہے
کچھ دیر تئیں اب آہ نظیر تیار کھڑی اسواری ہے
تن سوکھا ، کبڑی پیٹھ ہوئی ، گھوڑے پہ زین دھرو بابا
اب موت نقارہ باجے گا چلنے کی فکر کرو بابا

شب برات

عالم کے بیچ جس گھڑی آتی ہے شب برات
کیا کیا ظہورِ نور دِکھاتی ہے شب برات

دیکھے ہے بندگی میں جسے جاگتا تو پھر
پھوؤلی نہیں بدن میں سماتی ہے شب برات

روشن ہیں دل جنھوں کے عبادت کے نور سے
ان کو تمام رات جگاتی ہے شب برات

بخشش خدا کی راہ میں کرتے ہیں جو محبّ
برکت ہمیشہ ان کی بڑھاتی ہے شب برات

خالق کی بندگی کرو اور نیکیوں کے دم
یہ بات ہر کسی کو سناتی ہے شب برات

کیا کیا میں شب برات کی خوبی کہوں نظیر
لاکھوں طرح کی خوبیاں لاتی ہے شب برات

✤ ♣ ✤

ہولی

میاں تو ہم سے نہ رکھ کچھ غبار ہولی میں 	 کہ روٹھے ملتے ہیں آپس میں یار ہولی میں

مچی ہے رنگ کی کیسی بہار ہولی میں 	 ہوا ہے زورِ چمن آشکار ہولی میں

عجب یہ ہند کی دیکھی بہار ہولی میں

جو گھر سے ابر کبھی اس مزے میں آتا ہے 	 تو بادلوں میں وہ کیا کیا ہی رنگ لاتا ہے

خوشی سے رعد بھی ڈھولک کی گت لگاتا ہے 	 ہوا کو ہولیاں گا گا کے کیا نچاتا ہے

تمام رنگ سے پُر ہے بہار ہولی میں

یہ سیر ہولی کی ہم نے تو برج میں دیکھی 	 کہیں نہ ہووے گی اس لطف کی میاں ہولی

کوئی تو ڈوبا ہے دامن سے لے کے تا چولی 	 کوئی تو مرلی بجاتا ہے کہہ "کنھیا جی"

ہے دھوم دھام یہ بے اختیار ہولی میں

نظیر موسم ہولی کا جگ میں آتا ہے 	 وہ ایسا کون ہے ہولی نہیں مناتا ہے

کوئی تو رنگ چھڑکتا ہے کوئی گاتا ہے 	 جو خالی رہتا ہے وہ دیکھنے کو جاتا ہے

جو عیش چاہو سو ملتا ہے یار ہولی میں

❧❧❧

خربوزے

اب تو بازار کے ہیں زیب فزا خربوزے 	 ہیں جدھر دیکھو ادھر جلوہ نما خربوزے

دلکش اتنے ہیں کہ بازار میں لینے تربوز 	 گر کوئی جاوے تو لاتا ہے تلا خربوزے

یار آیا تو کہا ہم نے ، منگا ویں لڈو 	 ہنس کے اس شوخ شکر لب نے کہا، خربوزے

ہم نے دیکھا کہ ادھر رغبت خاطر ہے بہت 	 حکم کرتے ہی ، دیے ڈھیر لگا خربوزے

شکریں میوے ہوں اور سب کو بہم پہنچیں بہت

سو نظیر ایسے تو تربوز ہیں یا خربوزے

طفلی (۱)

کیا دن تھے یارو وہ بھی ، تھے جبکہ بھولے بھالے
نکلے تھی دائی لے کر ، پھرتی کبھی دوا لے
چوٹی کوئی رکھا لے ، بدھی کوئی بنھا لے
ہنسلی گلے میں ڈالے ، منّت کوئی بڑھا لے
موٹے ہوں یا کہ دبلے ، گورے ہوں یا کہ کالے
کیا عیش لوٹتے ہیں ، معصوم بھولے بھالے

دل میں کسی کے ہرگز نے شرم ، نے حیا ہے
آگا بھی کھل رہا ہے ، پیچھا بھی کھل رہا ہے
پہنے پھرے تو کیا ہے ، ننگے پھرے تو کیا ہے
یاں یوں بھی واہ وا ہے اور ووں بھی واہ واہ ہے
کچھ کھالے اس طرح سے کچھ اس طرح سے کھالے
کیا عیش لوٹتے ہیں معصوم بھولے بھالے!

جو کوئی چیز دیوے نت ہاتھ اوٹتے ہیں
گڑ ، بیر ، مولی ، گاجر ، لے منہ میں گھوٹتے ہیں
بابا کی مونچھ ، ماں کی چوٹی کھسوٹتے ہیں
گردوں میں لٹ رہے ہیں خاکوں میں لوٹتے ہیں
کچھ مل گیا سو پی لے کچھ بن گیا سو کھالے
کیا عیش لوٹتے ہیں معصوم بھولے بھالے!

جو ان کو دو سو کھالیں ، پھیکا ہو یا سلونا

ہیں بادشا سے بہتر جب مل گیا کھلونا

جس جا پہ نیند آئی پھر واں ہی انکو سونا

پروا نہ کچھ پلنگ کی ، نے چاہیے بچھونا

بھونپو کوئی بجائے ، پھر کی کوئی چھرالے

کیا عیش لوٹتے ہیں معصوم بھولے بھالے!

یہ بالے پن کا یارو عالم عجب بنا ہے

یہ عمر وہ ہے اس میں جو ہے سو بادشا ہے

اور سچ اگر یہ پوچھو تو بادشا بھی کیا ہے

اب تو نظیر میری سب کو یہی دعا ہے

جیتے رہیں سبھوں کے آس و مراد والے

کیا عیش لوٹتے ہیں معصوم بھولے بھالے!

❖❖❖

طفلی (۲)

کیا وقت تھا وہ ، ہم تھے جب دودھ کے چٹورے
ہر آن آنچلوں کے معمور تھے کٹورے
پاؤں میں کالے ٹپکے ، ہاتھوں میں نیلے ڈورے
یا چاند سی ہو صورت یا سانورے و گورے
کیا سیر دیکھتے ہیں یہ طفل شیر خورے

گل کی طرح سے ہر دم سینے پہ پھولتے تھے
پی پی کے دودھ ماں کا خوش ہو کے پھولتے تھے
ماں باپ ان کی خدمت سر پر قبولتے تھے
ہاتھوں میں کھیلتے تھے جھولوں میں جھولتے تھے
کیا سیر دیکھتے ہیں یہ طفل شیر خورے

نے دوستی کسی سے نے دل میں ان کے کینا
جانیں نہ بے قرینہ ، نے سمجھیں کچھ قرینہ
نے گرمیوں سے واقف نے جانتے پسینا
چھاتی سے ماں کی لپٹے خوش ان کو دودھ پینا
کیا سیر دیکھتے ہیں یہ طفل شیر خورے

جو دیکھے ان کی صورت ، لے پیار سے کھلاوے

ہاتھوں اُپر اُچھالے اور چھیڑ کر ہنساوے

چومے کبھی دہن کو ، چھاتی کبھی لگاوے

کوئی چسنی منہ میں دیوے کوئی جھنجنا بجاوے

کیا سیر دیکھتے ہیں یہ طفل شیر خورے

چھوٹا سا کوئی ان کا کرتا نکالتا ہے

یا چھوٹی چھوٹی ٹوپی سر پر سنبھالتا ہے

ماں دودھ ہے پلاتی اور باپ پالتا ہے

نانا گلے لگاوے ، دادا اُچھالتا ہے

کیا سیر دیکھتے ہیں یہ طفل شیر خورے

❖❖❖

موت

دنیا کے بیچ یارو سب زیست کا مزا ہے   جیتوں کے واسطے ہی یہ ٹھاٹھ سب ٹھٹّا ہے

جب مر گئے تو آخر پھر عمر خاکِ پا ہے   نے باپ ہے نہ بیٹا، نہ یار آشنا ہے

ڈرتی ہے روح یارو اور جی بھی کانپتا ہے

مَرنے کا نام مت لو، مَرنا بُری بَلا ہے

ہے دم کی بات جو تھے، مالک یہ اپنے گھر کے   جب مر گئے تو ہرگز گھر کے رہے نہ در کے

یوں مٹ گئے کہ گویا تھے نقش رہ گذر کے   پوچھا نہ پھر کسی نے یہ، تھے میاں کدھر کے

ڈرتی ہے روح یارو اور جی بھی کانپتا ہے

مَرنے کا نام مت لو، مَرنا بُری بَلا ہے

مرنے کے بعد کوئی الفت نہ پھر جتاوے   نے بیٹا پاس آوے، نے بھائی منہ لگاوے

جو دیکھے ان کی صورت دہشت سے بھاگ جاوے   اس مرگ کی جفائیں کیا کیا کوئی سناوے

ڈرتی ہے روح یارو اور جی بھی کانپتا ہے

مَرنے کا نام مت لو، مَرنا بُری بَلا ہے

پیتے تھے دودھ شربت اور چاہتے تھے میوا ⁧⁩ مرتے ہی پھر کچھ ان کا سکہ رہا نہ تھیوا

بچے یتیم ہو گئے ، بی بی کہائی بیوا ⁧⁩ اس مرگ نے اکھاڑا کس بدن کا لیوا

ڈرتی ہے روح یارو اور جی بھی کانپتا ہے

مَرنے کا نام مت لو ، مَرنا بُری بَلا ہے

جب روح تن سے نکلی آنا نہیں یہاں پھر ⁧⁩ کاہے کو دیکھنے ہیں یہ باغ و بوستاں پھر

ہاتھی پہ چڑھ کے یاں پھر گھوڑے پہ چڑھ کے واں پھر ⁧⁩ جب مر گئے تو لوگو یہ عشرتیں کہاں پھر

ڈرتی ہے روح یارو اور جی بھی کانپتا ہے

مَرنے کا نام مت لو ، مَرنا بُری بَلا ہے

گھر ہو بہشت جن کا اور بھر رہی ہو دولت ⁧⁩ اسباب عشرتوں کے محبوب خوب صورت

پھر مرتے وقت ان کو کیونکر نہ ہووے حسرت ⁧⁩ کیا سخت بے بسی ہے کیا سخت ہے مصیبت

ڈرتی ہے روح یارو اور جی بھی کانپتا ہے

مَرنے کا نام مت لو ، مَرنا بُری بَلا ہے

❧ ❧ ❧

برسات کی بہاریں

ہیں اس ہوا میں کیا کیا برسات کی بہاریں ۔ سبزوں کی لہلہاہٹ، باغات کی بہاریں

بوندوں کی جھمجھماوٹ، قطرات کی بہاریں ۔ ہر بات کے تماشے، ہر گھات کی بہاریں

کیا کیا مچی ہیں یارو برسات کی بہاریں

بادل ہوا کے اوپر ہو مست چھا رہے ہیں ۔ جھڑیوں کی مستیوں سے دھوم میں مچا رہے ہیں

پڑتے ہیں پانی ہر جا جل تھل بنا رہے ہیں ۔ گلزار بھیگتے ہیں سبزے نہا رہے ہیں

کیا کیا مچی ہیں یارو برسات کی بہاریں

ہر جا بچھا رہا ہے سبزا ہرے بچھونے ۔ قدرت کے بچھا رہے ہیں ہر جا ہرے بچھونے

جنگلوں میں ہو رہے ہیں پیدا ہرے بچھونے ۔ بچھوا دیے ہیں حق نے کیا کیا ہرے بچھونے

کیا کیا مچی ہیں یارو برسات کی بہاریں

سبزوں کی لہلہاہٹ کچھ ابر کی سیاہی ۔ اور چھا رہی گھٹائیں سرخ اور سفید کاہی

سب بھیگتے ہیں گھر گھر لے ماہ تاب ماہی ۔ یہ رنگ کون رنگے تیرے سوا الٰہی

کیا کیا مچی ہیں یارو برسات کی بہاریں

کیا کیا رکھے ہیں یا رب سامان تیری قدرت ۔ بدلے ہے رنگ کیا ہر آن تیری قدرت

سب مست ہو رہے ہیں پہچان تیری قدرت ۔ تیتر پکارتے ہیں سبحان تیری قدرت

کیا کیا مچی ہیں یارو برسات کی بہاریں

کوئل کی کوک میں بھی تیرا ہی نام ہے گا ۔ اور مور کی جٹل میں تیرا پیام ہے گا

یہ رنگ سومرے کا جو صبح و شام ہے گا ۔ یہ اور کا نہیں ہے تیرا ہی کام ہے گا

کیا کیا مچی ہیں یارو برسات کی بہاریں

جو مست ہوں اُدھر کے کر شور ناچتے ہیں ۔ پیارے کا نام لے کر کیا زور ناچتے ہیں

بادل ہوا سے کر کر گھنگھور ناچتے ہیں ۔ مینڈک اچھل رہے ہیں اور مور ناچتے ہیں

کیا کیا مچی ہیں یارو برسات کی بہاریں

تِل کے لڈّو

جاڑے میں پھر خدا نے کھلوائے تِل کے لڈّو
ہر ایک خوانچے میں دِکھلائے تِل کے لڈّو
کوچے گلی میں ہر جا بکوائے تِل کے لڈّو
ہم کو بھی ہیں گے دل سے خوش آئے تِل کے لڈّو
جیتے رہو تو یارو پھر کھائے تِل کے لڈّو

عمدوں نے سو طرح کی یاقوتیاں بنائیں
لونگوں میں دارچینی شکر میں لے ملائیں
سردی میں دولتوں کی سو گرم چیزیں کھائیں
اوروں نے ڈال مصری گر پینڈیاں بنائیں
ہم نے بھی گڑ منگا کر بندھوائے تِل کے لڈّو

جاڑے میں اب جو یارو، یہ تِل گئے ہیں بھونے
محبوبوں کے بھی تِل کے، ان کے مزے ہیں دونے
دل لے لیا ہمارا تِل شکریوں کے رونے
یہ بھی نظیر لڈّو ایسے بنائے تو نے
جوسن کے اس کی لذّت گھبرائے تِل کے لڈّو

دنیا کی نیکی بدی

ہے دنیا جس کا نام میاں یہ زور طرح کی بستی ہے
جو مہنگوں کو یہ مہنگی ہے اور سستوں کو یہ سستی ہے
یاں ہر دم جھگڑے اٹھتے ہیں ہر آن عدالت بستی ہے
گر مست کرے تو مستی ہے اور پست کرے تو پستی ہے
کچھ دیر نہیں، اندھیر نہیں، انصاف اور عدل پرستی ہے
اس ہاتھ کرو، اس ہاتھ ملے، یاں سودا دست بدستی ہے

جو اور کسی کا مان رکھے تو اس کو بھی ارمان ملے
جو پان کھلاوے پان ملے جو روٹی دے تو نان ملے
نقصان کرے نقصان ملے احسان کرے احسان ملے
جو جیسا جسکے ساتھ کرے پھر ویسا اسکو آن ملے
کچھ دیر نہیں، اندھیر نہیں، انصاف اور عدل پرستی ہے
اس ہاتھ کرو، اس ہاتھ ملے، یاں سودا دست بدستی ہے

جو اور کسی کی جاں بخشے تو حق اس کی بھی جان رکھے
جو اور کسی کا آن رکھے تو اس کی بھی حق آن رکھے
جو یاں کا رہنے والا ہے یہ دل میں اپنی جان رکھے
یہ ترت پھرت کا نقشہ ہے اس نقشے کو پہچان رکھے
کچھ دیر نہیں، اندھیر نہیں، انصاف اور عدل پرستی ہے
اس ہاتھ کرو، اس ہاتھ ملے، یاں سودا دست بدستی ہے

جو پار اتارے اوروں کو اس کی بھی ناؤ اترنی ہے
جو غرق کرے پھر اس کو بھی یاں ڈبکوں ڈبکوں کرنی ہے
شمشیر تبر بندوق سناں اور نشتر تیر نہرنی ہے
یاں جیسی جیسی کرنی ہے پھر ویسی ویسی بھرنی ہے
کچھ دیر نہیں، اندھیر نہیں، انصاف اور عدل پرستی ہے
اس ہاتھ کرو، اس ہاتھ ملے، یاں سودا دست بدستی ہے

ہے کھٹکا اس کے ساتھ لگا جو اور کسی کو دے کھٹکا
اور غیب سے جھٹکا کھاتا ہے جو اور کسی کو دے جھٹکا
چیرے کے نیچ میں چیرا ہے پٹکے کے نیچ جو ہے پٹکا
کیا کہیے اور نظیرؔ آگے ہے زور تماشا جھٹ پٹ کا

کچھ دیر نہیں، اندھیر نہیں، انصاف اور عدل پرستی ہے
اس ہاتھ کرو، اس ہاتھ ملے، یاں سودا دست بدستی ہے

❖ ❖ ❖

فنا نامہ

گر شاہ سر پہ رکھ کر افسر ہوا تو پھر کیا   اور بحرِ سلطنت کو گوہر ہوا تو پھر کیا

ماہی ، علم ، مراتب پُر زر ہوا تو پھر کیا   نوبت ، نشاں ، نقارہ ، در پر ہوا تو پھر کیا

سب ملک ، سب جہاں کا ، سرور ہوا تو پھر کیا

کہتا تھا کوئی دیکھو یہ ہیں امیر خاں جی   اور یہ ہیں خانخاناں اور یہ مشیر خاں جی

پنجہ اٹھا قضا کا جب آئے شیر خاں جی   پھر کس کے میر خاں جی ، کس کے وزیر خاں جی

عمدہ ، غنی ، تو نگر ، بازر ہوا تو پھر کیا

کتنوں نے بادشاہی کیا کیا خطاب پایا   مہریں بڑی کھدائیں ، سکّہ بڑا بنایا

جب آن کر فنا نے نام و نشاں مٹایا   وہ نام اور سکّہ ڈھونڈھا کہیں نہ پایا

دو دن کا مہر چھاپا در پر ہوا تو پھر کیا

❖ ❖ ❖

لہجۂ فقیرانہ

جو بات تجھ سے کہوں میں اسے تو مان میاں   دلا تو کہنے کو میرے یقین ، جان میاں

دہن میں پھرتی ہے جب تک ترے زبان میاں   نہ کھو تو عمر کو غفلت میں ہر زمان میاں

خدا کا نام لیا کر تو آن آن میاں

یہ چند روزہ ہے اے جاں نہ جاودانی ہے   ملی جہاں میں تجھے یہ جو زندگانی ہے

اسی کو دونوں جہاں بیچ شادمانی ہے   عبادت اسکی یہاں دل میں جس نے ٹھانی ہے

وہی تو کر جو رہے تو بھی شادمان میاں

تو یاں بھی خوش رہے گا واں بھی خوش تو جاوے گا   جو ہر طرح تو عبادت میں دل لگاوے گا

اور اپنی عمر جو غفلت میں تو گنواوے گا   ہزاروں فائدے دل خواہ اس میں پاوے گا

تو اس میں ہوگا نہایت ترا زیان میاں

خبر جو ہو تجھے افضال کی بشارت سے   لبوں کو زیب دے دے قرآن کی تلاوت سے

بدن کا حسن پڑھا طاعت و عبادت سے   خوشی ہو دل کو ترے خلد کی طہارت سے

اسی میں خوبی ہے تیری بہر مکان میاں

خدا کا شکر بجا لا ہر اک طرح خوش ہو   یہ زندگی ہے غنیمت اسے تو مفت نہ کھو

کہا نظیرؔ نے جو کچھ تو یاد رکھ اس کو   یہ دنیا مزرعِ عقبیٰ ہے اس میں نیکی بو

اسی میں تیری سعادت کا ہے نشان میاں

❖ ❖

پنکھا

کیا موسم کیا گرمی میں نمودار ہے پنکھا

خوبوں کے پسینوں کا خریدار ہے پنکھا

گل رو کا ہر اک جا پہ طلبگار ہے پنکھا

اب پاس میرے یار کے ہر بار ہے پنکھا

گرمی سے محبت کی بڑا یار ہے پنکھا

دل باغ ہوا جاتا ہے پھولوں کی پھبک سے

اور روح بستی جاتی ہے خوشبو کی مہک سے

کچھ خس سے کچھ اس پانی کی بوندوں کی ٹپک سے

نیند آتی ہے آنکھوں میں چلی جن کی جھپک سے

کیا یار کے جھلنے کا مزیدار ہے پنکھا

جاڑے میں جو رہتے تھے ہم اس گل کے کنے سو

گرمی نے جدا کر دیا گرمی کا برا ہو

حسرت سے بھلا پھونکیے کیونکر نہ جگر کو

کیا گردش ایام ہے ، دیکھو تو عزیزو

جب یار کے ہم یار تھے اب یار ہے پنکھا

برسات اور پھسلن

برسات کا جہان میں لشکر پھسل پڑا   بادل بھی ہر طرف سے ہوا پر پھسل پڑا

جھڑیوں کا مینہہ بھی آکے سراسر پھسل پڑا   چھتّا کسی کا شور مچا کر پھسل پڑا

کوٹھا جھکا ، اٹاری گری ، در پھسل پڑا

دیکھو جدھر ادھر یہی غل پکار ہے   کوئی پھنسا ہے کیچڑ میں کوئی خوار ہے

پیادہ اٹھا جو مر کے تو پچھڑ سوار ہے   گرنے کی دھوم دھام یہ کچھ بے شمار ہے

جو ہاتھی رپٹا ، اونٹ گرا ، خر پھسل پڑا

چکنی زمیں پہ یاں تئیں کیچڑ ہے بے شمار   کیسا ہی ہوشیار پہ پھسلے ہے ایک بار

نوکر کا بس کچھ اس میں نہ آقا کا اختیار   کوچے گلی میں ہم نے تو دیکھا ہے کتنی بار

آقا جو ڈگمگائے تو نوکر پھسل پڑا

کوچے میں کوئی ، اور کوئی بازار میں گرا   کوئی گلی میں ہے گر کے ، کیچڑ میں لوٹا

رستے کے بیچ پاؤں کسی کا رپٹ گیا   اس سب جگہ کے گرنے سے آیا جو بچ بچا

وہ اپنے گھر کے صحن میں آ کر پھسل پڑا

دلدل جو ہو رہی ہے ہر اک جا پہ رسمی   مر مر اُٹھا ہے مرد ، تو عورت رہی پھنسی

کیا سخت مشکلات ہے ، کیا سخت بے کسی   اس کی بڑی خرابی ہوئی اور بڑی ہنسی

جو اپنے جا ضرور کے اندر پھسل پڑا

❋ ❋ ❋

آگرے کے سکٹری

پہنچے نہ اس کو ہرگز کابل درے کے سکٹری

نے پورب اور پچھّم خوبی بھرے کی سکڑی

نے چین کے پرے کی اور نے ورے کی سکڑی

نے دکھن اور نہ ہرگز اس سے پرے کی سکڑی

کیا خوب نرم و نازک اس آگرے کی سکڑی

اور جس میں خاص کافر اسکندرے کی سکڑی

میٹھی ہے جس کو برفی کہیے گلابی کہیے

یا حلقے دیکھ اس کو تازی جلیبی کہیے

تل شکریوں کی پھانکیں یا اب مرتی کہیے

سچ پوچھیے تو اس کو دندانِ مصری کہیے

کیا خوب نرم و نازک اس آگرے کی سکڑی

اور جس میں خاص کافر اسکندرے کی سکڑی

چھوئنے میں برگ گل ہے کھانے میں کرکری ہے

گرمی کے مارنے کو ایک تیر کی سری ہے

آنکھوں میں سکھ کلیجے ٹھنڈک ہری بھری ہے

سکڑی نہ کہیے اس کو سکڑی نہیں پری ہے

کیا خوب نرم و نازک اس آگرے کی سکڑی

اور جس میں خاص کافر اسکندرے کی سکڑی

لیتے ہیں مول اس کو گل کی طرح سے کھل کے

معشوق اور عاشق کھاتے ہیں دونوں مل کے

عاشق تو ہیں بجھاتے شعلوں کو اپنے دل کے

معشوق ہیں لگاتے ماتھے پہ اپنے چھلکے

کیا خوب نرم و نازک اس آگرے کی ککڑی

اور جس میں خاص کافر اسکندرے کی ککڑی

جو ایک بار یارو اس جا کی کھائے ککڑی

پھر جا کہیں کی اس کو ہرگز نہ بھائے ککڑی

دل تو نظیؔر غش ہے یعنی منگائے ککڑی

ککڑی ہے یا قیامت کیا کہیے ہائے ککڑی

کیا خوب نرم و نازک اس آگرے کی ککڑی

اور جس میں خاص کافر اسکندرے کی ککڑی

دنیا کے مکر و دغا

کیا کیا فریب کہیے دنیا کی فطرتوں کا   مکر و دغا و دزدی ہے کام اکثروں کا

جب دوست مل کے لوٹیں اسباب مشفقوں کا   پھر کس زباں سے شکوہ اب کیجیے دشمنوں کا

ہشیار یار جانی یہ دشت ہے ٹھگوں کا

یاں ٹک نگاہ چوکی اور مال دوستوں کا

گر دِن کو ہے اچکّا تو چور رات میں ہے   نٹ کھٹ کی کچھ نہ پوچھو ہر بات میں ہے

اس کی بغل میں گپتی تیغ اسکے ہات میں ہے   وہ اسکی فکر میں ہے یہ اس کی گھات میں ہے

ہشیار یار جانی یہ دشت ہے ٹھگوں کا

یاں ٹک نگاہ چوکی اور مال دوستوں کا

چڑیا نے دیکھ غافل کیڑا ادھر گھسیٹا   کوّے نے وقت پا کر چڑیا کا گھر گھسیٹا

چیلوں نے مار پنجے کوّے کا سر گھسیٹا   جو جس کے ہاتھ آیا وہ اس نے دھر گھسیٹا

ہشیار یار جانی یہ دشت ہے ٹھگوں کا

یاں ٹک نگاہ چوکی اور مال دوستوں کا

نکلا ہے شیر گھر سے گیدڑ کا گوشت کھانے   گیدڑ کی دھن لگاوے، خود شیر کو ٹھکانے

کیا کیا کریں ہیں باہم مکر و دغا، بہانے   یاں وہ بچا نظیر اب جس کو رکھا خدا نے

ہشیار یار جانی یہ دشت ہے ٹھگوں کا

یاں ٹک نگاہ چوکی اور مال دوستوں کا

❊ ❊ ❊

مکّھیاں

یارو میں چپ رہوں بھلا تاکے   مکھیاں تو بہت ہوئیں درپے

چلے آتے ہیں غول پے در پے   شور ہے غل ہے بھنبھناہٹ ہے

کوئی تھوکے ، کوئی کرے ہے تقے

اس قدر دھوم مکھیوں کی ہے

پہلے مذکور کیا ہے کھانے کا   کھاکے پھر ذکر کیا پچانے کا

کوئی پینے کا اور نہ کھانے کا   یہ بڑا حال ہے زمانے کا

سخت مشکل بڑی خرابی ہے

اس قدر دھوم مکھیوں کی ہے

دو چنوں سے جو منہ چلاتا ہے   اس میں سو مکھیاں وہ کھاتا ہے

دال روٹی پہ قہر آتا ہے   اور جو میٹھی چیز کھاتا ہے

اس نے اللہ جانے کھائیں کے

اس قدر دھوم مکھیوں کی ہے

دلبروں کی یہ شامت آئی ہے   آنکھ مکّھی نے کاٹ کھائی ہے

تھوڑی بھوں آنکھ سب سُجائی ہے   حسن کی بھی یہ بدنمائی ہے

رو گئی رنگ روپ کی سب رے

اس قدر دھوم مکھیوں کی ہے

کپڑا جن کا پھٹا پرانا ہے   وہ تو کل مکّھیوں نے سانا ہے

پائجامہ تمام چھانا ہے   باقی اندر کا پیٹھ جانا ہے

وہ بھی منزل وہ اب کریں گی طے

اس قدر دھوم مکّھیوں کی ہے

دودھ میں مکھیاں ہی دابی ہیں   کھانے میں مکھیاں ہی چابی ہیں

پانی میں تو یہ مرغِ آبی ہیں   الغرض جو پڑے شرابی ہیں

وہ بھی سب اوکتے ہیں پیکر ے

اس قدر دھوم مکّھیوں کی ہے

کوئی اوکے ہے روٹیاں کھا کر   کوئی ڈالے ہے پانی متلا کر

کوئی کھانسے ہے خالی اُبکا کر   حد تو یہ ہے کہ سخت گھبرا کر

سخت مشکل بڑی خرابی ہے

اس قدر دھوم مکّھیوں کی ہے

ہے نظیر اب تو شان میں مکّھی   گھر کے ہر اک مکان میں مکّھی

شہر کی ہر دکان میں مکّھی   بھر گئی سب جہان میں مکّھی

کوئی خالی نہیں غرض اب شے

اس قدر دھوم مکّھیوں کی ہے

✤ ✤ ✤

افلاس کا فوٹو

رکھ بوجھ سر پہ نکلا اشتر ملا تو ایسا   کھیرا خرابیوں نے لشکر ملا تو ایسا

بڑھ گئے جو بال سر کے افسر ملا تو ایسا   مفلس کا زرد چہرہ جو زر ملا تو ایسا

آنسو جو غم سے ٹپکا گوہر ملا تو ایسا

جب مفلسی کا آ کر سر پر پڑے ہے سایا   پھرتا ہے مرد کیا کیا در در خراب رسوا

بنتا ہے مفلسی میں مفلس کا آ یہ نقشہ   پورا ہنر جو سیکھا تو بھیک مانگنے کا

یہ بد نصیبی دیکھو جو ہر ملا تو ایسا

مفلس نے گرچہ مر کر کی نوکری کسی کی   کیسی ہی محنتیں کیں لیکن طلب نہ پائی

جیدھر کو ہاتھ ڈالا پائی نہ پھوٹی کوڑی   کی عاشقی تو سر پر ہے اک سڑی سی ٹوپی

سو وہ بھی اس نے لے لی دلبر ملا تو ایسا

ہو صبح اور سورج جب آ کے منہ دِکھاوے   لے شام تک اسی کے گھر بیچ دھوپ جاوے

آندھی چلے تو گھر میں سب خاک دھول جاوے   برسے جو مینہہ تو باہر اک بوند پھر نہ جاوے

چھوٹے نصیب دیکھو چھپر ملا تو ایسا

جس دل جلے کے اوپر دن مفلسی کے آئے   پھر دور بھاگے اس سے سب اپنے اور پرائے

آخر کو مفلسی نے یہ دکھ اسے دکھائے   کھانا جہاں تھا بٹتا، واں جا کے دھکّے کھائے

کمبخت کو جو کھانا اکثر ملا تو ایسا

گر مفلسی میں اس نے دو تین لڑکے پائے   اور کنبے والے لڑکے واں کھیلنے کو آئے

دیکھ ان کے گھنے پاتے آنکھوں میں آنسو لائے   سر کی کو چھیل سچّے نتھ اور کڑے بنائے

بد بخت کے بچوں کو زیور ملا تو ایسا

اسباب تھا تو کیا کیا رکھتے تھے لوگ رشتہ   مفلس ہوئے تو ہرگز رشتہ رہا نہ ناتا

نہ بھائی بھائی کہتا نہ بیٹا کہتا بابا   اس پر نظیؔر مجھ کو رونا بہت ہے آتا

اس مفلسی زدے کو ٹبّر ملا تو ایسا

دنیا دار المکافات ہے

دنیا عجب بازار ہے کچھ جنس یاں کی سات لے

نیکی کا بدلا نیک ہے بد سے بدی کی بات لے

میوہ کھلا میوہ ملے ، پھل پھول دے پھل پات لے

آرام دے آرام لے دکھ درد دے آفات لے

کلجگ نہیں کرجگ ہے یہ یاں دن کو دے اور رات لے

کیا خوب سودا نقد ہے اس ہات دے اس ہات لے

کانٹا کسی کے مت لگا گو مثل گل پھولا ہے تو

وہ تیرے حق میں تیر ہے ، کس بات پر بھولا ہے تو

مت آگ میں ڈال اور کو پھر گھاس کا پولا ہے تو

سن رکھ یہ نکتہ بے خبر کس بات پر بھولا ہے تو

کلجگ نہیں کرجگ ہے یہ یاں دن کو دے اور رات لے

کیا خوب سودا نقد ہے اس ہات دے اس ہات لے

جو اور کو پھل دیوے گا وہ بھی سدا پھل پاوے گا

گیہوں سے گیہوں جَو سے جَو ، چاول سے چاول پاوے گا

جو آج دیوے گا یہاں دیسا ہی وہ کل پاوے گا

کل دیوے گا کل پاوے گا کل پاوے گا کل پاوے گا

کلجگ نہیں کرجگ ہے یہ یاں دن کو دے اور رات لے

کیا خوب سودا نقد ہے اس ہات دے اس ہات لے

بچوں کی نظمیں - نظیر اکبرآبادی

جو چاہے لے چل اس گھڑی سب جنس یاں تیار ہے

آرام میں آرام ہے آزار ہمیں آزار ہے

دنیا نہ جان اس کو میاں دریا کی یہ منجدھار ہے

اوروں کا بیڑا پار کر تیرا بھی بیڑا پار ہے

کلجگ نہیں کرجگ ہے یہ یاں دن کو دے اور رات لے

کیا خوب سودا نقد ہے اس ہات دے اس ہات لے

تو اور کی تعریف کر تجھ کو ثنا خوانی ملے

کر مشکل آسان اور کی تجھ کو بھی آسانی ملے

تو اور کو مہمان کر تجھ کو بھی مہمانی ملے

روٹی کھلا روٹی ملے ، پانی پلا پانی ملے

کلجگ نہیں کرجگ ہے یہ یاں دن کو دے اور رات لے

کیا خوب سودا نقد ہے اس ہات دے اس ہات لے

جو گل کھلاوے اور کا اس کا ہی گل کھلتا بھی ہے

جو اور کا کیلے ہے منہ ، اس کا ہی منہ کلتا بھی ہے

جو اور کا چھیلے جگر ، اس کا جگر چھلتا بھی ہے

جو اور کو دیوے کپٹ ، اس کو کپٹ ملتا بھی ہے

کلجگ نہیں کرجگ ہے یہ یاں دن کو دے اور رات لے

کیا خوب سودا نقد ہے اس ہات دے اس ہات لے

کر چک جو کچھ کرنا ہو اب یہ دم تو کوئی آن ہے

نقصان میں نقصان ہے احسان میں احسان ہے

تہمت میں یاں تہمت لگے طوفان میں طوفان ہے

رحمان کو رحمان ہے شیطان کو شیطان ہے

کلجگ نہیں کرجگ ہے یہ یاں دن کو دے اور رات لے

کیا خوب سودا نقد ہے اس ہات دے اس ہات لے

یاں زہر دے تو زہر لے شکر میں شکر دیکھ لے

نیکوں کو نیکی کا مزا موذی کو ٹکر دیکھ لے

موتی دیے موتی ملیں پتھر میں پتھر دیکھ لے

گر تجھ کو یہ باور نہیں تو تو بھی کرکر دیکھ لے

کلجگ نہیں کرجگ ہے یہ یاں دن کو دے اور رات لے

کیا خوب سودا نقد ہے اس ہات دے اس ہات لے

اپنے نفع کے واسطے مت اور کا نقصان کر

تیرا بھی نقصاں ہووے گا اس بات اوپر دھیان کر

کھانا جو کھا تو دیکھ کر پانی ہے پی تو چھان کر

یاں پاؤں کو رکھ پھونک کر اور خوف سے گزران کر

کلجگ نہیں کرجگ ہے یہ یاں دن کو دے اور رات لے

کیا خوب سودا نقد ہے اس ہات دے اس ہات لے

غفلت کی یہ جاگہ نہیں یاں صاحب ادراک رہ

دل شاد رکھ دلشاد رہ غم ناک رکھ غم ناک رہ

ہر حال میں تو بھی نظیر اب ہر قدم کی خاک رہ

یہ وہ مکاں ہے او میاں یاں پاک رہ بے باک رہ

کلجگ نہیں کرجگ ہے یہ یاں دن کو دے اور رات لے

کیا خوب سودا نقد ہے اس ہات دے اس ہات لے

برسات کا تماشا

اہلِ سخن کو ہے گا اک بات کا تماشا   اور عارفوں کی خاطر ہے ذات کا تماشا

دینا کے صاحبوں کو دن رات کا تماشا   ہم عاشقوں کو ہے گا سب گھات کا تماشا

آ یار چل کے دیکھیں برسات کا تماشا

خورشید گرم ہو کر نکلا ہے اپنے گھر سے   لیتا ہے مول بادل کر کر تلاش زر سے

آئی ہوا بھی لے کر بادل کو ہر نگر سے   آدھے اسا ڑھ تو اب دشمن کے گھر برسے

آ یار چل کے دیکھیں برسات کا تماشا

کالی گھٹائیں آ کر ہو مست تل رہی ہیں   دستاریں سرخ اس میں کیا خوب کھل رہی ہیں

رخساروں پر بہاریں ہر اک کے ڈھل رہی ہیں   شبنم کی بوندیں جیسے ہر گل پہ تُل رہی ہیں

آ یار چل کے دیکھیں برسات کا تماشا

معمور ہیں جہاں کی سب تال اور تلّیاں   سب بھر رہا ہے پانی اور سیر امبریاں

اور ڈالیاں چمن کی بوندوں سے چھک رہی ریّاں   بادل بھرے ہیں جن سے معشوق ہیں دو چھیاں

آ یار چل کے دیکھیں برسات کا تماشا

دنیا

یہ جتنا خلق میں اب جابجا تماشا ہے

جو غور کی تو یہ سب ایک کا تماشا ہے

نہ جانو کم اسے یارو بڑا تماشا ہے

جدھر کو دیکھو ادھر اک نیا تماشا ہے

غرض میں کیا کہوں دنیا بھی کیا تماشا ہے

مرے یہ دیکھ تماشے نہیں ہیں ہوش بجا

کسے بتاؤں میں سیدھا کسے کہوں الٹا

جو ہو طلسم حقیقی وہ جاوے کب سمجھا

عجب بہار کی ایک سیر ہے اہاہاہا

غرض میں کیا کہوں دنیا بھی کیا تماشا ہے

نہیں ہے زور جنھوں میں وہ کشتی لڑتے ہیں

جو زور والے ہیں وہ آپ سے بچھڑتے ہیں

جھپٹ کے اندھے بھی پیروں کے تئیں پکڑتے ہیں

نکالے چھاتیاں کبڑے اکڑتے پھرتے ہیں

غرض میں کیا کہوں دنیا بھی کیا تماشا ہے

جنھوں کے پر ہیں وہ پاؤں سے چلتے پھرتے ہیں

جو بن پروں کے ہیں وہ پنکھے جھلتے پھرتے ہیں

مثال روح کے لنجے بھی چلتے پھرتے ہیں

ہرن کی طرح سے لنگڑے اچھلتے پھرتے ہیں

غرض میں کیا کہوں دنیا بھی کیا تماشا ہے

زباں ہے جس کی اشارت سے وہ پکارے ہے

جو گونگا ہے وہ کھڑا فارسی بگھارے ہے

کلاہ ہنس کی کوّا کھڑا اتارے ہے

اچھل کے مینڈکی ہاتھی کے لات مارے ہے

غرض میں کیا کہوں دنیا بھی کیا تماشا ہے

چمن میں خشک بنوں نیچ آب جاری ہے

خراب پھول ہیں کانٹوں کا گلعذاری ہے

سیاہ گوش کو پدڑی نے لات ماری ہے

دبکتے پھرتے ہیں چیتے ہرن شکاری ہے

غرض میں کیا کہوں دنیا بھی کیا تماشا ہے

جنھوں کی ڈاڑھی ہے ان کی تو بات واہی ہے

جو ڈاڑھی مونڈے ہیں ان کی سند گواہی ہے

سیاہی روشنی اور روشنی سیاہی ہے

اُجاڑ شہر میں مُردوں کی بادشاہی ہے

غرض میں کیا کہوں دنیا بھی کیا تماشا ہے

جنھوں میں عقل نہیں وہ بڑے سیانے ہیں

جو عقل رکھتے ہیں وہ باؤلے دوانے ہیں

زنانے شوق سے مردوں کے پہنے بانے ہیں

جو مرد ہیں وہ نرے ہیجڑے زنانے ہیں

غرض میں کیا کہوں دنیا بھی کیا تماشا ہے

جنھوں کے کان نہیں دور کی وہ سنتے ہیں

جو کان والے ہیں بیٹھے وہ سر کو دھنتے ہیں

دھویں برستے ہیں اور ابر تنکے چنتے ہیں

کباب بھیگتے ہیں اور ملیدے بھنتے ہیں

غرض میں کیا کہوں دنیا بھی کیا تماشا ہے

پہن کے ریچھنی پوشاک جب دِکھاتی ہے

گدھوں سے ہنستی ہے ، کتوں سے مسکراتی ہے

پری تو کوڑی کی مسّی کو داغ کھاتی ہے

چڑیل پان کے بیڑے کھڑی چباتی ہے

غرض میں کیا کہوں دنیا بھی کیا تماشا ہے

گدھا لڑائی میں ہاتھی کے تئیں لتاڑے ہے

شتر کے گھر کے تئیں لومڑی اجاڑے ہے

ہُما کو بوم ہر ایک وقت مارے دھاڑے ہے

غضب ہے پودنا سارس کا پر اکھاڑے ہے

غرض میں کیا کہوں دنیا بھی کیا تماشا ہے

سلیماں بھوکے ہیں چیونٹی کے پاس ڈھیری ہے

کلنگ بڑّے کی چڑیا نے راہ گھیری ہے

عجب اندھیرے اجالے کی پھیرا پھیری ہے

اندھیری چاندنی اور چاندنی اندھیری ہے

غرض میں کیا کہوں دنیا بھی کیا تماشا ہے

ترغیب سخاوت و عشرت

زردار ہے تو ہرگز مت مار اپنے من کو

تن زیب تن سکھوں سے ترسا نہ اپنے تن کو

جو نر چلن چلیں ہیں چل تو بھی اس چلن کو

مرشد کا ہے یہ نقطہ رکھ یاد اس سخن کو

دل کی خوشی کی خاطر چکھ ڈال مال دھن کو

گر مرد ہے تو عاشق کوڑی نہ رکھ کفن کو

یہ نعمتیں ہیں جتنی جو کچھ ملے سو کھا جا

تاش اور بادلے میں اک بار جگمگا جا

پاپی بخیل مت بن داتا سخی کہا جا

اک دم تو اپنا ڈنکا من مانتا بجا جا

دل کی خوشی کی خاطر چکھ ڈال مال دھن کو

گر مرد ہے تو عاشق کوڑی نہ رکھ کفن کو

یاں کی یہی مزا ہے کھانا ہو یا کھلانا

بھوکے کو ڈال روٹی ننگے کو کچھ اڑھانا

سب اس گھڑی اڑا لے جو تجھ کو ہو اڑانا

غافل پھر اس گلی میں تجھ کو نہیں ہے آنا

دل کی خوشی کی خاطر چکھ ڈال مال دھن کو

گر مرد ہے تو عاشق کوڑی نہ رکھ کفن کو

جو پاس ہے ذخیرہ مت رکھ وہ کونے اندر

مسجد کنویں بنا دے تالاب باغ مندر

دریا کہیں بہا دے بن جا کہیں سمندر

سب کچھ اڑا لٹا کر ہو رہ سدا قلندر

دل کی خوشی کی خاطر چکھ ڈال مال دھن کو

گر مرد ہے تو عاشق کوڑی نہ رکھ کفن کو

گر آ پڑے گا تجھ پر کوئی حادثہ خلل کا

مالک پھر اور کوئی ٹھہرے گا تیرے دل کا

آگے سے دے دلا کے کھو رہ تو اس سے ہلکا

کر سوچ اپنے دل میں کچھ آج کا نا کل کا

دل کی خوشی کی خاطر چکھ ڈال مال دھن کو

گر مرد ہے تو عاشق کوڑی نہ رکھ کفن کو

زر جوڑ جوڑ اپنے تو پاس گر رکھے گا

یا چھین لے گا حاکم یا چور لے مرے گا

تیرا وہی ہے جو کچھ اب عیش کر چکے گا

جب وقت آپکارا تب کچھ نا بن پڑے گا

دل کی خوشی کی خاطر چکھ ڈال مال دھن کو

گر مرد ہے تو عاشق کوڑی نہ رکھ کفن کو

جس نے یہ زر دیا ہے پھر وہ ہی دھن بھی دے گا

مال و مکاں حویلی باغ و چمن بھی دے گا

جیتا رہے گا جب تک کھانے کو اُن بھی دے گا

مر جائے گا تو وہ ہی تجھ کو کفن بھی دے گا

دل کی خوشی کی خاطر چکھ ڈال مال دھن کو

گر مرد ہے تو عاشق کوڑی نہ رکھ کفن کو

جتنے گڑے دبے ہیں سب کھا لے اور کھلا لے

رکھ دھن اسی کی دل میں اب کھا لے اور کھلا لے

اپنا سمجھ اسی کو جب کھا لے اور کھلا لے

اب تو نظیر تو بھی سب کھا لے اور کھلا لے

دل کی خوشی کی خاطر چکھ ڈال مال دھن کو

گر مرد ہے تو عاشق کوڑی نہ رکھ کفن کو

✤ ✤ ✤

دنیا دھوکے کی ٹٹّی ہے

کوئی تاج خریدے ہنس ہنس کر ، کوئی تخت کھڑا بنواتا ہے
کوئی کپڑے رنگے پہنے ہے ، کوئی گڈری اوڑھے جاتا ہے
کوئی بھائی باپ چچا نانا ، کوئی ناتی پوت کہاتا ہے
جب دیکھا خوب تو آخر کو ، نہ رشتا ہے نہ ناتا ہے
غل شور بپولا آگ ہوا اور کیچڑ ، پانی ، مٹی ہے
ہم دیکھ چکے اس دنیا کو یہ دھوکے کی سی ٹٹّی ہے

کوئی سیٹھ ، مہاجن ، لاکھ پتی ، بزّاز ، کوئی پنساری ہے
یاں بوجھ کسی کا ہلکا ہے اور کھیپ کسی کی بھاری ہے
کیا جانے کون خریدے گا اور کس نے جنس اُتاری ہے
جب دیکھا خوب تو آخر کو ، دلّال نہ کوئی بیوپاری ہے
غل شور بپولا آگ ہوا اور کیچڑ ، پانی ، مٹی ہے
ہم دیکھ چکے اس دنیا کو یہ دھوکے کی سی ٹٹّی ہے

کوئی پھول کے بیٹھے مسند پر ، کوئی رو دے اپنی دولت کو
کوئی بولے اپنا مجھ سے لو اور میرا ہو تو مجھ کو دو
کوئی لڑتا ہے کوئی مرتا ہے کوئی جھگڑے حق پر ناحق کو
جب دیکھا خوب تو آخر کو کچھ دینا ایک نہ لینا دو
غل شور بپولا آگ ہوا اور کیچڑ ، پانی ، مٹی ہے
ہم دیکھ چکے اس دنیا کو یہ دھوکے کی سی ٹٹّی ہے

رمّال نجومی عامل ہے اور فاضل ملّا سیانا ہے

کوئی عاقل کامل دانا ہے کوئی مست پڑا دیوانہ ہے

تعویذ فلیتا فال فسوں اور جادو منتر لانا ہے

جب دیکھا خوب تو آخر کو سب حیلہ مکر بہانا ہے

غل شور بپولا آگ ہوا اور کیچڑ ، پانی ، مٹّی ہے

ہم دیکھ چکے اس دینا کو یہ دھوکے کی سی ٹٹّی ہے

کوئی لوٹے کوچے گلیوں میں تیار کسی کا ڈیرا ہے

کوئی باغ کنواں بنواتا ہے اور گھیر کسی نے گھیرا ہے

نت قصّے جھگڑے رہتے ہیں یہ تیرا ہے یہ میرا ہے

جب دیکھا خوب تو آخر کو نہ میرا ہے نہ تیرا ہے

غل شور بپولا آگ ہوا اور کیچڑ ، پانی ، مٹّی ہے

ہم دیکھ چکے اس دینا کو یہ دھوکے کی سی ٹٹّی ہے

کہیں دھوم مچی ہے قرضوں کی کہیں قرضوں کا دکھ کھینا ہے

کوئی ہیرا پنّا پر کھاوے اور بیچے کوئی چینا ہے

ہر روز تقاضے دھرنا ہے دکھ دینا پیسا لینا ہے

جب دیکھا خوب تو آخر کو کچھ لینا ہے نہ دینا ہے

غل شور بپولا آگ ہوا اور کیچڑ ، پانی ، مٹّی ہے

ہم دیکھ چکے اس دینا کو یہ دھوکے کی سی ٹٹّی ہے

کوئی بنیا ہے ، کوئی تیلی ہے ، کوئی بیچے پان تنبولی ہے
کوئی سر پر رکھ کر کھینچے ہے کوئی باندھے پھرتا جھولی ہے
کہیں گون ڈھلی ہے ناجوں کی کہیں تھیلا تھیلی کھولی ہے
جب دیکھا خوب تو آخر کو اک دم کی بولا ٹھولی ہے
غل شور بپولا آگ ہوا اور کیچڑ ، پانی ، مٹی ہے
ہم دیکھ چکے اس دینا کو یہ دھوکے کی سی ٹٹی ہے

کوئی ٹوپی پہنے جاتا ہے ، کوئی باندھ پھرا عمامہ ہے
کوئی صاف برہنہ پھرتا ہے نہ پگڑی ہے نہ جامہ ہے
کمخواب گری اور گاڑھے کا ، نت قصّہ ہے ، ہنگامہ ہے
جب دیکھا خوب تو آخر کو نہ پگڑی نہ پاجامہ ہے
غل شور بپولا آگ ہوا اور کیچڑ ، پانی ، مٹی ہے
ہم دیکھ چکے اس دینا کو یہ دھوکے کی سی ٹٹی ہے

کوئی بال بڑھائے پھرتا ہے کوئی سر کو گھونٹ منڈاتا ہے
کوئی کپڑے رنگے پہنے ہے کوئی ننگے منگے آتا ہے
کوئی پوجا کتھا بکھانے ہے کوئی چھاپا تلک لگاتا ہے
جب دیکھا خوب تو آخر کو سب چھوڑا کیلا جاتا ہے
غل شور بپولا آگ ہوا اور کیچڑ ، پانی ، مٹی ہے
ہم دیکھ چکے اس دینا کو یہ دھوکے کی سی ٹٹی ہے

کوئی روتا ہے کوئی ہنستا ہے کوئی ناچے ہے کوئی گاتا ہے
کوئی چھینے چھپکے لے بھاگے کوئی دھونس دھڑکا لاتا ہے
کوئی مال اکٹھا کرتا ہے کوئی کنجی قفل لگاتا ہے
جب دیکھا خوب تو آخر کو سب چھوڑ اکیلا جاتا ہے
غل شور ببولا آگ ہوا اور کیچڑ ، پانی ، مٹی ہے
ہم دیکھ چکے اس دینا کو یہ دھوکے کی سی ٹٹی ہے

کوئی بیچے بھنگ شراب افیون کہیں دودھ دہی کی پھیری ہے
کوئی پلا سر پر لاتا ہے کوئی لادے بیل مکیری ہے
کوئی جھگڑے اپنی جاگہ پر یہ میری ہے یہ تیری ہے
جب دیکھا خوب تو آخر کو نہ تیری ہے نہ میری ہے
غل شور ببولا آگ ہوا اور کیچڑ ، پانی ، مٹی ہے
ہم دیکھ چکے اس دینا کو یہ دھوکے کی سی ٹٹی ہے

کہیں بلی ٹیو کی تھونی ہے کہیں گھاس کر پکی پولی ہے
کہیں چھلنی چھاچ پٹارے ہیں کہیں چولھا چکی چولی ہے
ترکاری بیگن ساگ بڑا گڑ گانڈا گاجر مولی ہے
جب دیکھا خوب تو آخر کو سب چھو یہ دیکھت بھولی ہے
غل شور ببولا آگ ہوا اور کیچڑ ، پانی ، مٹی ہے
ہم دیکھ چکے اس دینا کو یہ دھوکے کی سی ٹٹی ہے

کہیں بان اٹیری ٹاٹ کٹری کہیں دمرکھ چرخ تکلا ہے
کہیں روک روپیا خوردہ ہے کہیں کوڑی پیسا دھیلا ہے
کہیں ڈھانچ پلنگ کا بکتا ہے کہیں چھینکا رسی رسا ہے
جب دیکھا خوب تو آخر کو نہ پیڑھی کھاٹ نہ چرخہ ہے
غل شور بہولا آگ ہوا اور کیچڑ ، پانی ، مٹی ہے
ہم دیکھ چکے اس دینا کو یہ دھوکے کی سی ٹٹی ہے

کوئی شکرا باز اُڑاتا ہے کوئی ہاتھ پہ رکھے تتلی ہے
شاباش کوئی لے بیٹھا ہے اور دوڑ کسی نے دت لی ہے
ہے تار کسی کے ہاتھوں میں اور ناچتی پھرتی تتلی ہے
جب دیکھا خوب تو آخر کو نہ ریشم سوت نہ ستلی ہے
غل شور بہولا آگ ہوا اور کیچڑ ، پانی ، مٹی ہے
ہم دیکھ چکے اس دینا کو یہ دھوکے کی سی ٹٹی ہے

اب کس کا رنگ بُرا کہیے اور کس کا روپ بھلا کہیے
اک دم کی پینٹھ لگی ہے یہ انبوہ مزا چرچا کہیے
یہ سیر تماشا دیکھ نظیر اب جا کہیے بیجا کہیے
کچھ بات نہیں بن آتی ہے چپ چاپ پہیلی کیا کہیے
غل شور بہولا آگ ہوا اور کیچڑ ، پانی ، مٹی ہے
ہم دیکھ چکے اس دینا کو یہ دھوکے کی سی ٹٹی ہے

تسلیم و رضا

جو فقر میں پورے ہیں وہ ہر حال میں خوش ہیں

ہر کام میں ہر دام میں ہر حال میں خوش ہیں

گر مال دیا یار نے تو مال میں خوش ہیں

بے زر جو کیا تو اسی احوال میں خوش ہیں

افلاس میں اِدبار میں اِقبال میں خوش ہیں

پورے ہیں وہی مرد جو ہر حال میں خوش ہیں

چہرے پہ ملالت نہ جگر میں اثر غم

ماتھے پہ کہیں چین نہ ابرو میں کہیں خم

شکوہ نہ زباں پر نہ کبھی چشم ہوئی نم

غم میں بھی وہی عیش الم میں بھی وہی دم

ہر بات ہر اوقات ہر افعال میں خوش ہیں

پورے ہیں وہی مرد جو ہر حال میں خوش ہیں

گر یار کی مرضی ہوئی سر جوڑ کے بیٹھے

گھر بار چھڑایا تو وہیں چھوڑ کے بیٹھے

موڑا انھیں جیدھر وہیں منہ جوڑ کے بیٹھے

گدڑی جو سلائی تو وہی اوڑھ کے بیٹھے

اور شال اڑھائی تو اسی شال میں خوش ہیں

پورے ہیں وہی مرد جو ہر حال میں خوش ہیں

گر اس نے دیا غم تو اسی غم میں رہے خوش

اور اس نے جو ماتم دیا ماتم میں رہے خوش

کھانے کو ملا کم تو اسی کم میں رہے خوش

جس طور کہا اس نے اس عالم میں رہے خوش

دکھ درد میں آفات میں جنجال میں خوش ہیں

پورے ہیں وہی مرد جو ہر حال میں خوش ہیں

جینے کا نہ اندوہ ، نہ مرنے کا ذرا غم

یکساں ہے انھیں زندگی اور موت کا عالم

واقف نہ برس سے ، نہ مہینے سے وہ اک دم

نہ شب کی مصیبت نہ کبھی روز کا ماتم

دن رات گھڑی پہر مہ و سال میں خوش ہیں

پورے ہیں وہی مرد جو ہر حال میں خوش ہیں

گر اس نے اُڑھایا تو لیا اوڑھ دوشالا

کمبل جو دیا تو وہی کاندھے پہ سنبھالا

چادر جو اڑھائی تو وہی ہو گئی بالا

بندھوائی لنگوٹی تو وہی ہنس کے کہا لا

پوشاک میں دستار میں رومال میں خوش ہیں

پورے ہیں وہی مرد جو ہر حال میں خوش ہیں

گر کھاٹ بچھانے کو ملی کھاٹ میں سوئے

دوکاں میں سلایا تو وہ جا ہاٹ میں سوئے

رستے میں کہا سو تو وہ جا باٹ میں سوئے

گر ٹاٹ بچھانے کو دیا ٹاٹ میں سوئے

اور کھال بچھا دی تو اسی کھال میں خوش ہیں

پورے ہیں وہی مرد جو ہر حال میں خوش ہیں

پیالے کو دیا ہاتھ تو ہو نکلے بھکاری

بھٹلا کے کھلایا تو وہیں عمر گذاری

میانے پہ چڑھایا تو لگے کرنے سواری

اور پاؤں چلایا تو وہی بات سنواری

جس چال میں رکھا وہ اسی چال میں خوش ہیں

پورے ہیں وہی مرد جو ہر حال میں خوش ہیں

گر مونٹھ منگا دی تو وہی چاب لی خوش ہو

اور جوار بھنا دی تو وہی چاب لی خوش ہو

سوکھی جو دلا دی تو وہی چاب لی خوش ہو

روکھی جو اٹھا دی تو وہی چاب لی خوش ہو

اور دال کھلائی تو اسی دال میں خوش ہیں

پورے ہیں وہی مرد جو ہر حال میں خوش ہیں

پانی جو ملا پی لیا جس طور کا پایا

روٹی جو ملی تو کیا روٹی میں گذارا

دی بھوک اگر یار نے تو بھوک کو مارا

دل شاد رہے کر کے کڑاکے پہ کڑاکا

اور چھال چبائی تو اسی چھال میں خوش ہیں

پورے ہیں وہی مرد جو ہر حال میں خوش ہیں

گر اس نے کہا سیر کرو جا کے جہاں کی

تو پھرنے لگے جنگل و بر مار کی جھانکی

کچھ دشت و بیاباں میں خبر تن کی نہ جاں کی

اور پھر جو کہا سیر کرو حسن بتاں کی

تو چشم و رخ زلف و خط و خال میں خوش ہیں

پورے ہیں وہی مرد جو ہر حال میں خوش ہیں

کچھ گھر کی طلب ان کو نہ باہر سے انھیں کام

تکیے کی نہ خواہش ہے نہ بستر سے انھیں کام

استھل کی ہوس دل میں نہ مندر سے انھیں کام

مفلس سے نہ مطلب نہ تو نگر سے انھیں کام

میدان میں بازار میں چوپال میں خوش ہیں

پورے ہیں وہی مرد جو ہر حال میں خوش ہیں

ان کے تو جہاں میں عجب عالم ہیں نظیر آہ

اب ایسے تو دنیا میں ولی کم ہیں نظیر آہ

کیا جانے فرشتے ہیں کہ آدم ہیں نظیر آہ

ہر وقت میں ہر آن میں خرم ہیں نظیر آہ

جس ڈھال میں رکھا وہ اسی ڈھال میں خوش ہیں

پورے ہیں وہی مرد جو ہر حال میں خوش ہیں

صدائے درویش

زر کی جو محبت تجھے پڑ جاوے گی بابا — دکھ اس میں تری روح بہت پاوے گی بابا

ہر کھانے کو ہر پینے کو ترساوے گی بابا — دولت جو ترے یاں ہے نہ کام آوے گی بابا

پھر کیا تجھے اللہ سے ملوا دے گی بابا

داتا کو تو مشکل کوئی اٹکی نہیں رہتی — چڑھتی ہے پہاڑوں کے اُپر ناؤ سخی کی

اور تو نے بخیلی سے اگر جمع اسے کی — تو یاد رکھ یہ بات کہ جب آوے گی سختی

خشکی میں تری ناؤ یہ ڈبواوے گی بابا

دولت جو ترے گھر میں یہ اب پھولے ہے جوں پھول — مردود بھی یہ کرتی ہے اور کرتی ہے مقبول

جو چاہے ترے ساتھ چلے یاں سے یہ مجہول — زنہار خبردار ہو اس بات پہ مت بھول

یہ خندی ترے ساتھ نہیں جاوے گی بابا

اس سے یہی بہتر تو ہی آپ اسے کھا جا — بیٹوں کو رفیقوں کو عزیزوں کو کھلا جا

اب رو برو اپنے اسے عشرت میں اڑا جا — پھر شوق سے ہنستا ہوا جنت میں چلا جا

ورنہ تجھے پھر دکھ میں یہ پھنسواوے گی بابا

گر آوے گا حاکم کوئی ظالم تو مری جان — اور تیری سنے گا وہ بخیلی کی سی گذران

جب کھینچ بلاوے گا لگا کر کوئی طوفان — تو جی سے جسے دوست سمجھتا ہے یہ ہر آن

یہ دوست ہی دشمن تری ہو جاوے گی بابا

کہوے گا کوئی اس کے تئیں باندھ کے لٹکا   کہوے گا کوئی تو بڑا منہ اس کے میں چڑھوا

کہوے گا کوئی کپڑے بھی سب اس کے اتروا   سو ذِلّت و خواری سے تجھے دیکھ کے پھرتا

بندھواوے گی اور مار بھی کھلواوے گی بابا

اور جو کبھی حاکم نے نہ پوچھا ترا احوال   تو چور چرا لیوے گا یا ڈاکا کوئی ڈال

گاڑے زمیں میں نیچ پھر ہووے گا یہ حال   قسمے سے تری جب کبھی آجاوے گا بھونچال

پھر نیچے ہی نیچے یہ سرک جاوے گی بابا

یہ تو نہ کسی پاس رہی ہے نہ رہے گی   جو اور سے کرتی رہی وہ تجھ سے کرے گی

کچھ شک نہیں اس میں جو بڑھی ہے سو گھٹے گی   جب تک تو جیے گا یہ تجھے چین نہ دے گی

اور مرتے ہوئے پھر یہ غضب لاوے گی بابا

جب موت کا ہووے گا تجھے آن کے دھڑکا   اور نزع ترے آن کے دم دیوے گا بھڑکا

جب اس میں تو اٹکے گا نہ دم نکلے گا پھڑکا   کپوں میں روپے ڈال کے جب دیویں گے کھڑکا

تب تن سے تری جان نکل جاوے گی بابا

تو لاکھ اگر مال کے صندوق بھرے گا   ہے یہ تو یقیں آخرش اک دن تو مرے گا

پھر بعد ترے اس پہ جو کوئی ہاتھ دھرے گا   وہ ناچ مزہ دیکھے گا اور عیش کرے گا

اور روح تری قبر میں گھبراوے گی بابا

اس کے تو وہاں ڈھولک و مردنگ بجے گی   اور روح تری قبر میں حسرت سے جلے گی

وہ کھاوے گا اور تیرے تئیں آگ لگے گی   تا حشر تری روح کو پھر کل نہ پڑے گی

ایسا ہی تجھے گور میں تڑپاوے گی بابا

جوں جوں وہ ترے مال سے عشرت میں پڑے گا   تو قبر میں رہ رہ کف افسوس ملے گا

جو چاہے کوئی بولے تو پھر بس نہ چلے گا   بے بس تو پڑا قبر میں حسرت سے جلے گا

دن رات تری چھانی کو کٹواوے گی بابا

جاوے گا تری گور کی جانب جو وہ ناگاہ   ساقی و صراحی و پری زاد کے ہمراہ

رونا مجھے آتا ہے ترے حال پہ واللہ   جب دیکھے گا سو عیش میں تو اس کے تئیں آہ

کیا کیا تری چھاتی پہ یہ لہراوے گی بابا

تو بھوت ہو چھاتی پہ اگر آن چڑھے گا   تو واں بھی ترے واسطے عالم کوئی بلوا

شیشے میں اتروا کے تجھے دیویں گے گڑوا   یاں خوب سا سلگا کے کوئی ہار فلیتا

دھونی بھی تری ناک میں دلواوے گی بابا

گر ہوش ہے تجھ میں تو بخیلی کا نہ کر کام   اس کام کو آخر کو برا ہوتا ہے انجام

تھوکے گا کوئی کہہ کے دیوے گا دشنام   زنہار نہ لے گا کوئی اُٹھ صبح ترا نام

پیزاریں ترے نام پہ لگواوے گی بابا

کہتا ہے نظیر اب جو یہ باتیں تجھے ہر آن   گر مرد ہے عاقل، تو اسے جھوٹ تو مت جان

ٹک غور سے کر گنج پہ قاروں کے ذرا دھیان   جیسا ہی اسے اس نے کیا خوب پریشان

ویسا ہی مزا تجھ کو بھی دِکھلا وے گی بابا

❖ ❖ ❖

آدمی نامہ

دنیا میں بادشاہ ہے، سو ہے وہ بھی آدمی   اور مفلس و گدا ہے، سو ہے وہ بھی آدمی

زردار بے نوا ہے، سو ہے وہ بھی آدمی   نعمت جو کھا رہا ہے، سو ہے وہ بھی آدمی

ٹکڑے جو مانگتا ہے، سو ، ہے وہ بھی آدمی

فرعون نے کیا تھا جو دعویٰ خدائی کا   شدّاد بھی بہشت بنا کر ہوا خدا

نمرود بھی خدا ہی کہاتا تھا برملا   یہ بات ہے سمجھنے کی، آگے کہوں میں کیا

یاں تک جو ہو چکا ہے، سو ہے وہ بھی آدمی

مسجد بھی آدمی نے بنائی ہے یاں میاں   بنتے ہیں آدمی ہی امام اور خطبہ خواں

پڑھتے ہیں آدمی ہی قرآن اور نماز، یاں   اور آدمی ہی ان کی چراتے ہیں جوتیاں

جو ان کو تاڑتا ہے، سو ہے وہ بھی آدمی

یاں آدمی پہ جان کو وارے ہے آدمی   اور آدمی ہی تیغ سے مارے ہے آدمی

پگڑی بھی آدمی کی اتارے ہے آدمی   چلّا کے آدمی کو پکارے ہے آدمی

اور سُن کے دوڑتا ہے، سو ہے وہ بھی آدمی

بیٹھے ہیں آدمی ہی دکانیں لگا لگا   کہتا ہے کوئی لو کوئی کہتا ہے لا رے لا

اور آدمی ہی پھرتے ہیں رکھ سر پہ خوانچا   کس کس طرح سے بیچیں ہیں چیزیں بنا بنا

اور مول لے رہا ہے سو ہے وہ بھی آدمی

مرنے میں آدمی ہی کفن کرتے ہیں تیار   نہلا دھلا اٹھاتے ہیں کاندھے پہ کر سوار

کلمہ بھی پڑھتے جاتے ہیں روتے ہیں زار زار   سب آدمی ہی کرتے ہیں مردے کا کاروبار

اور وہ جو مر گیا ہے سو ہے وہ بھی آدمی

اشراف اور کمینے سے لے شاہ تا وزیر   ہیں آدمی ہی صاحبِ عزّت بھی اور حقیر

یاں آدمی مرید ہے اور آدمی ہی پیر   اچھا بھی آدمی ہی کہاتا ہے اے نظیر

اور سب میں جو بُرا ہے، سو ہے وہ بھی آدمی

تندرستی

ہیں مرد اب وہی ، کہ جنھوں کا ہے فن درست

حرمت انھوں کے واسطے ، جن کا چلن درست

رہتا نہیں کسی کا سدا مال دھن درست

دولت رہی کسی کی ، نہ باغ و چمن درست

جتنے سخن ہیں سب میں یہی ہے سخن درست

اللہ آبرو سے رکھے اور تندرست

گر دولتوں سے اس کا بھرا ہے تمام گھر

بیمار ہے تو خاک سے بدتر ہے سب وہ زر

ہو تندرست گرچہ یہ مفلس ہے سر بسر

پھر نہ کسی کا خوف ، نہ ہرگز کسی کا ڈر

جتنے سخن ہیں سب میں یہی ہے سخن درست

اللہ آبرو سے رکھے اور تندرست

عاجز ہو یا حقیر ہو ، پر تندرست ہو

بے زر ہو یا امیر ہو ، پر تندرست ہو

قیدی ہو یا اسیر ہو ، پر تندرست ہو

مفلس ہو یا فقیر ہو ، پر تندرست ہو

جتنے سخن ہیں سب میں یہی ہے سخن درست

اللہ آبرو سے رکھے اور تندرست

اس میں تمام ختم ہیں عالم کی خوبیاں

ہو تندرستی اور ملے حرمت سے آب و ناں

قسمت سے جب یہ دونوں میسر ہوں پھر تو ہاں

پھر ایسی اور کون سی نعمت ہے میری جاں

جتنے سخن ہیں سب میں یہی ہے سخن درست

اللہ آبرو سے رکھے اور تندرست

آیا جو دل میں ، سیر چمن کو چلے گئے

بازار ، چوک ، سیر ، تماشے میں خوش ہوئے

بیٹھے ، اُٹھے ، خوشی سے ہر اک جا چلے پھرے

جاگے مزے میں رات کو یا خوش ہو سو رہے

جتنے سخن ہیں سب میں یہی ہے سخن درست

اللہ آبرو سے رکھے اور تندرست

ادنیٰ ہو یا غریب تونگر ہو یا فقیر

یا بادشاہ شہر کا یا ملک کا وزیر

ہے سب کو تندرستی و حرمت ہی دل پذیر

جو تو نے اب کہا سو یہی سچ ہے اے نظیر

جتنے سخن ہیں سب میں یہی ہے سخن درست

اللہ آبرو سے رکھے اور تندرست

تلاشِ زر

دنیا میں کون ہے جو نہیں ہے فدائے زر
جتنے ہیں سب کے دل میں بھری ہے ہوائے زر
آنکھوں میں، دل میں، جان میں، سینے میں جائے زر
ہم کو بھی کچھ تلاش نہیں اب سوائے زر

جو ہے سو ہو رہا ہے سدائے مبتلائے زر
ہر اک یہی پکارے ہے دن رات، ہائے زر

کتنے تو زر کو نقشِ طلسمات کہتے ہیں
اور کتنے زر کو کشف و کرامات کہتے ہیں
کتنے خدا کی عین عنایت کہتے ہیں
کتنے اسی کو قاضی حاجات کہتے ہیں

جو ہے سو ہو رہا ہے سدائے مبتلائے زر
ہر اک یہی پکارے ہے دن رات ہائے زر

یہ پانی اب جو زیست کی سب کی نشانی ہے
زر کی جھمک کو دیکھ کے اب یہ بھی پانی ہے
یارو ہماری جس کے سبب زندگانی ہے
یہ پانی یہ نہیں ہے وہ سونے کا پانی ہے

جو ہے سو ہو رہا ہے سدائے مبتلائے زر
ہر اک یہی پکارے ہے دن رات ہائے زر

آبِ طلا کی بوند بھی اب جس کے ہات ہے
وہ بوند کیا ہے چشمہ آبِ حیات ہے

دنیا میں عیش دین بھی عشرت کے سات ہے

زر وہ ہے جس سے دونوں جہاں میں نجات ہے

جو ہے سو ہو رہا ہے سدائے مبتلائے زر

ہر اک یہی پکارے ہے دن رات ، ہائے زر

سرمے کی جس کے پاس طلا کی سلائی ہے

آنکھوں میں اس کی آب بڑی روشنائی ہے

لے عرش فرش سب اسے دیتا دکھائی ہے

خالق نے دیکھ نور کی پتلی بنائی ہے

جو ہے سو ہو رہا ہے سدائے مبتلائے زر

ہر اک یہی پکارے ہے دن رات ، ہائے زر

زر کھان میں گڑا ہے تو واں بھی بہار ہے

شمشیر پر چڑھا ہے تو واں بھی بہار ہے

دیوار میں لگا ہے تو واں بھی بہار ہے

گر خاک میں پڑا ہے تو واں بھی بہار ہے

جو ہے سو ہو رہا ہے سدائے مبتلائے زر

ہر اک یہی پکارے ہے دن رات ، ہائے زر

زر کے دیے سے پیر اور استاد نرم ہو

زر کے سبب سے دشمنِ ناشاد نرم ہو

جو شوخ سنگدل ہے پری زاد نرم ہو

زر وہ ہے جس کو دیکھ کے فولاد نرم ہو

جو ہے سو ہو رہا ہے سدائے مبتلائے زر

ہر اک یہی پکارے ہے دن رات ہائے زر

روٹیاں

روٹی سے جس کی ناک تلک پیٹ ہے بھرا — کرتا پھرے ہے کیا وہ اچھل کود جا بجا

دیوار پھاند کر کوئی کوٹھا اچھل گیا — ٹھٹھا ہنسی شراب صنم ساقی اس سوا

سو سو طرح کی دھوم مچاتی ہیں روٹیاں

جس جا پہ ہانڈی، چولہا توا، اور تنور ہے — خالق کی قدرتوں کا اسی جا ظہور ہے

چولہے کے آگے آنچ جو جلتی حضور ہے — جتنے ہیں نور سب میں یہی خاص نور ہے

اس نور کے سبب نظر آتی ہیں روٹیاں

آوے توے تنور کا جس جا زباں پہ نام — یا چکی چولہے کا جہاں گلزار ہو تمام

یاں سر جھکا کے کیجیے ڈنڈوت اور سلام — اس واسطے کہ خاص یہ روٹی کا ہے مقام

پہلے انھیں مکانوں میں آتی ہیں روٹیاں

ان روٹیوں کے نور سے سب دل ہیں نور پُور — آٹا نہیں ہے چھلنی سے چھن چھن گرے ہے نور

پیڑا ہر ایک اس کا ہے برفی و موتی چور — ہرگز کسی طرح نہ بجھے پیٹ کا تنور

اس آگ کو مگر یہ بجھاتی ہیں روٹیاں

پوچھا کسی نے یہ کسی کامل فقیر سے — یہ مہر و ماہ حق نے بنائے ہیں کاہے کے؟

وہ سن کے بولا بابا ''خدا تجھ کو خیر دے — ہم تو نہ چاند سمجھیں نہ سورج ہیں جانتے

بابا، ہمیں تو یہ نظر آتی ہیں روٹیاں''

پھر پوچھا اس نے کہیے یہ دل ہے کا نور کیا — اس کے مشاہدے میں ہے کھلتا ظہور کیا

وہ بولا سن کے ''تیرا گیا ہے شعور کیا — کشف القلوب اور یہ کشف القبور کیا

جتنے ہیں کشف سب یہ دکھاتی ہیں روٹیاں''

روٹی جب آئی پیٹ میں سو قند کھل گئے — گلزار پھولے آنکھوں میں اور عیش تل گئے

دوتر نوالے پیٹ میں جب آکے ڈھل گئے — چودہ طبق کے جتنے تھے سب بھید کھل گئے

یہ کشف یہ کمال دکھاتی ہیں روٹیاں

روٹی نہ پیٹ میں ہو تو پھر کچھ جتن نہ ہو 	میلے کی سیر خواہش باغ و چمن نہ ہو
بھوکے غریب دل کی خدا سے لگن نہ ہو 	سچ ہے کہا کسی نے کہ بھوکے بھجن نہ ہو
اللہ کی بھی یاد دلاتی ہیں روٹیاں

اب جن کے آگے بال پوئے بھر کے تھال ہیں 	پوری بھگت انھیں کی وہ صاحب کے لال ہیں
وہ جن کے آگے روغنی اور شیر و مال ہیں 	عارف وہی ہیں اور وہی صاحب کمال ہیں
پکی پکائی اب جنھیں آتی ہیں روٹیاں

کپڑے کسی کے لال ہیں روٹی کے واسطے 	لمبے کسی کے بال ہیں روٹی کے واسطے
باندھے کوئی رومال ہیں روٹی کے واسطے 	سب کشف اور کمال ہیں روٹی کے واسطے
جتنے ہیں روپ سب یہ دکھاتی ہیں روٹیاں

روٹی سے ناچے پیادہ قواعد دکھا دکھا 	اسوار ناچے گھوڑے کو کاوا لگا لگا
گھنگرو کو باندھے پیک بھی پھرتا ہے ناچتا 	اور اس سوا جو غور سے دیکھا تو جا بجا
سو سو طرح کے ناچ دکھاتی ہیں روٹیاں

اشرافوں نے اپنی جو یہ ذاتیں چھپائی ہیں 	سچ پوچھیے تو اپنی ہی شانیں بڑھائی ہیں
کہیے انھوں کی روٹیاں کس کس نے کھائی ہیں 	اشراف سب میں کہیے تو اب نان بائی ہیں
جن کی دکاں سے ہر کہیں جاتی ہیں روٹیاں

بھٹیاریاں کہاویں نہ اب کیوں کر رانیاں 	مہتر خصم ہیں ان کے وہ ہیں مہترانیاں
ذاتوں میں جتنے اور ہیں قصے کہانیاں 	سب میں انھیں کی ذات کی اونچی ہیں بانیاں
کس واسطے کہ سب یہ پکاتی ہیں روٹیاں

دنیا میں اب بدی نہ کہیں اور نکوئی ہے 	نا دشمنی و دوستی نا تندخوئی ہے
کوئی کسی کا اور کسی کا نہ کوئی ہے 	سب کوئی ہے اسی کا کہ جس کا ہاتھ ڈوئی ہے
نوکر ، نفر ، غلام بناتی ہیں روٹیاں

روٹی کا اب ازل سے ہمارا تو ہے خمیر 	روکھی بھی روٹی حق میں ہمارے ہے شہد و شیر
یا تیلی ہوئے ، موٹی ، خمیری ہو یا فطیر 	گیہوں کی ، جوار ، باجرے کی جیسی ہو نظیر
ہم کو تو سب طرح کی خوش آتی ہیں روٹیاں

چپاتی نامہ

جب ملی روٹی ہمیں سب نورِ حق روشن ہوئے

رات دن شمس و قمر شام و شفق روشن ہوئے

زندگی کے تھے جو کچھ نظم و نسق روشن ہوئے

اپنے بیگانوں کے لازم تھے جو حق روشن ہوئے

دو چپاتی کے ورق میں سب ورق روشن ہوئے

اک رکابی میں ہمیں چودہ طبق روشن ہوئے

وہ جو اب کھاتے ہیں باقرخانی کلچہ شیرمال

ہیں وہ خاص الخاص درگاہِ کریمِ ذوالجلال

یہ جو روٹی دال کا رکھتے ہیں ہم گردن میں جال

جب ملی روٹی وہیں ہم ہوگئے صاحبِ کمال

دو چپاتی کے ورق میں سب ورق روشن ہوئے

اک رکابی میں ہمیں چودہ طبق روشن ہوئے

وہ تو اب مردِ خدا ہیں قوّت جن کا نوُر ہے

وہ ملائک ہیں وہاں روٹی کا کیا مذکوُر ہے

دل ہمارا تو فقط روٹی کا اب رنجوُر ہے

ہم شکم بندوں کا تو یارو یہی دستوُر ہے

دو چپاتی کے ورق میں سب ورق روشن ہوئے

اک رکابی میں ہمیں چودہ طبق روشن ہوئے

پیٹ میں روٹی پڑی جب تک تو یارو ، خیر ہے

گر نہ ، ہو پھر غیر کیا ، اپنے ہی جی سے بیر ہے

کھاتے ہی دو تر نوالے آسماں پر پیر ہے

آسماں کیا پھر تو خاصے لامکاں کی سیر ہے

دو چپاتی کے ورق میں سب ورق روشن ہوئے

اک رکابی میں ہمیں چودہ طبق روشن ہوئے

جب تلک روٹی کا ٹکڑا ہو نہ دسترخوان پر

نے نمازوں میں لگے دل اور نہ کچھ قرآن پر

رات دن روٹی چڑھی رہتی ہے سب کے دھیان پر

کیا خدا کا نور برسے ہے پڑا ہر نان پر

دو چپاتی کے ورق میں سب ورق روشن ہوئے

اک رکابی میں ہمیں چودہ طبق روشن ہوئے

گر نہ ہوں دو روٹیاں اور اک پیالہ دال کا

کھیل پھر بگڑا پھرے یاں حال کا اور قال کا

گر نہ ہو روٹی تو کس کا پیر کس کا بالکا

وصف کس منہ سے کروں میں نان کے احوال کا

دو چپاتی کے ورق میں سب ورق روشن ہوئے

اک رکابی میں ہمیں چودہ طبق روشن ہوئے

پیٹ میں روٹی نہ تھی جب تک دو عالم تھے سیاہ

جب پڑی روٹی تو پہنچی عرش کے اوپر نگاہ

کھل گئے پردے تھے جتنے ماہی سے لے تا بہ ماہ

کیا کرامت ہے فقط روٹی میں یارو واہ واہ

دو چپاتی کے ورق میں سب ورق روشن ہوئے
اک رکابی میں ہمیں چودہ طبق روشن ہوئے

یوں چمکتا ہے پڑا ہر آن گردہ نان کا
جان آتی ہے لیے سے نام دسترخوان کا
چاند کا ٹکڑا کہوں میں یا کہ ٹکڑا جان کا
روح ناچے ہے بدن میں نام سن کر خوان کا
دو چپاتی کے ورق میں سب ورق روشن ہوئے
اک رکابی میں ہمیں چودہ طبق روشن ہوئے

حسن جتنے ہیں جہاں میں سب بھرے ہیں نان میں
خوبیاں جتنی ہیں آ کر سب بھری ہیں خوان میں
عاشق و معشوق بھی ٹکیا کے ہیں درمیان میں
پھنس رہے ہیں سب کے دل روٹی کے دسترخوان میں
دو چپاتی کے ورق میں سب ورق روشن ہوئے
اک رکابی میں ہمیں چودہ طبق روشن ہوئے

جو مُرید اپنا سی درویش کو کرتا ہے پیر
یعنی کچھ دیکھے تجلّی کی کرامت دل پذیر
کھاتے ہی دو روٹیاں دل ہو گیا بدر منیر
کوئی روٹی سا نہیں اب پیر و مرشد اے نظیر
دو چپاتی کے ورق میں سب ورق روشن ہوئے
اک رکابی میں ہمیں چودہ طبق روشن ہوئے

❖❖❖

پیٹ کی فلاسفی

کرتا ہے کوئی جور و جفا ، پیٹ کے لیے   سہتا ہے کوئی رنج و بلا ، پیٹ کے لیے

سیکھا ہے کوئی مکر و دغا ، پیٹ کے لیے   پھرتا ہے کوئی بے سر و پا ، پیٹ کے لیے

جو ہے سو ہو رہا ہے فدا ، پیٹ کے لیے

عاجز ہیں اس کے واسطے کیا شاہ کیا وزیر   محتاج ہے اسی کے لیے ، بخشی و امیر

منشی ، وکیل ، ایلچی ، تصدّی و مشیر   چاکر ، نفر ، غلام ، تونگر ، غنی ، فقیر

سب کر رہے ہیں فکر سدا پیٹ کے لیے

صرّاف خورد یے سے لگا سیٹھ ساہوکار   دلّال ، جوہری اور کناری کے پیشہ وار

پنساری و بزّاز اناجوں کے کاروبار   بیوپار ، لین دین ، بیج ، قرض اور ادھار

ہے سب نے ٹھکٹھکا یہ کیا پیٹ کے لیے

اب خَلق میں ہیں چھوٹے بڑے جتنے پیشہ ور   سیکھے اسی کے واسطے سب کسب اور ہنر

صحّاف ، جلد ساز ، قینچی و کماں گر   ایں دوز ، گل فروش ، بساطی ، سفال گر

بیٹھے ہیں سب دکان لگا پیٹ کے لیے

بیٹھے ہیں مسجدوں میں مصلّیٰ بچھا بچھا   جیّ پہن کے ہاتھ میں تسبیح کو پھرا

واعظ کے ہر سخن میں ہے کھانے کا مدعا   عابد بھی دعوتوں کی عبادت ہے کر رہا

زاہد بھی مانگتا ہے دعا پیٹ کے لیے

کیا مینے ساز کام اور کیا مرصع کار   حکّاک کیا ، مصوّر و نقاش ، زرنگار

دیکھا تو نہ سنار کوئی اور نہ اب لہار   اب اپنے اپنے پیٹ کے کرتے ہیں کاروبار

پیشہ ہر اک نے سیکھ لیا پیٹ کے لیے

گندھی کے مغز میں بھی یہی رچ رہی ہے بو   کھینچے ہے جب گلاب نکالے ہے عطر و

شیشی کسی کو سینک کی پھوے کسی کو دو   ہر چھ ترک گلاب لگا تن سے عطر کو

لپیٹیں ہر ایک ہی کو سنگھا پیٹ کے لیے

رنگریز بیٹھے رنگتے ہیں رنگت ہزاریا ** سرخ و گلابی ، زرد ، سیہ ، سبز دھاریا

محمل ہے کوئی ، کوئی ہے مشروع کٹاریا ** جنگل میں جاکے دیکھا تو اس جا بھی نیاریا

نت خاک چھانتا ہے پڑا ، پیٹ کے لیے

بدنام ہے اسی کے لیے خلق میں کلال ** ذباح بھی کرے ہے اسی کے لیے حلال

صیّاد بھی اسی کے لیے لے چلا ہے جال ** ٹھگ بھی اسی کے واسطے پھانسی گلے میں ڈال

ہر وقت گھوٹتا ہے گلا پیٹ کے لیے

نٹ کھٹ ، اچکّے ، چور ، دغا باز ، راہ مار ** عیّار ، جیب کترے ، نظر باز ، ہوشیار

سب اپنے اپنے پیٹ کے کرتے ہیں کاروبار ** کوئی خدا کے واسطے کرتا نہیں شکار

بلّی بھی مارتی ہے چہا پیٹ کے لیے

بانکا سپاہی خوب شجاعت میں بے جگر ** وہ بھی اسی کے واسطے لے تیغ اور تبر

لڑتا ہے توپ تیر تفنگوں میں آن کر ** کھاتا ہے زخم خون میں ہوتا ہے تر بتر

آخر کو سر بھی دے ہے کٹا ، پیٹ کے لیے

فاضل کے فضل میں بھی اسی کی ہے التجا ** عابد نجومی کا بھی اسی پر ہے مدعا

ملّا بھی دن گذارے ہے لڑکے پڑھا پڑھا ** شاعر بھی دیکھیے تو قصیدے بنا بنا

کیا کیا کرے ہے وصف و ثنا ، پیٹ کے لیے

قاضی کے حال کی بھی یہی بات ہے گواہ ** مفتی کے قصد کی بھی یہ شاہد ہے خواہ مخواہ

بید اور حکیم کی بھی اسی پر ہے اب نگاہ ** عطّار کے بھی درد کو دیکھا تو وہ بھی آہ

دن رات کوٹتا دوا پیٹ کے لیے

پڑھتے ہیں اب قرآن جو مُردوں کے نام کے ** پھولوں میں بیٹھ کرتے ہیں پنج آیتیں تمام

دوزخ میں یا بہشت میں مُردے کا ہو مقام ** کچھ ہو پر ان کو حلوے و مانڈے سے اپنے کام

خوش ہوگئے جب ان کو ملا پیٹ کے لیے

اُلفت کسی کے دل میں، کسی میں پڑا ہے بیر   مانے کوئی حرم کو، کوئی پوجتا ہے دیر

کھانے کی ساری دوستی، کھانے کی ساری سیر   کہتا ہے اب فقیر بھی، دے کر دعائے خیر

بابا کچھ آج مجھ کو دلا پیٹ کے لیے

ہیں جن کے پاس منصب و جاگیر و مال و جاہ   خوباں بھی ان کے ساتھ کریں ہیں سدا نباہ

کھانے کی ساری دوستی کھانے کی ساری چاہ   دیکھا جو خوب غور سے ہم نے تو واہ واہ

معشوق بھی کریں ہیں وفا پیٹ کے لیے

لاکھوں میں کوئی لے ہے محبت سے حق کا نام   ورنہ سب اپنے پیٹ کے ہیں کلمے اور کلام

نہ عاقبت کی فکر نہ راہِ خدا سے کام   سمجھے نہ کچھ حلال نہ جانا کہ کچھ حرام

جو جس سے ہو سکا سو کیا پیٹ کے لیے

جتنے ہیں اب جہان میں کم ذات یا اصیل   سب اپنے اپنے پیٹ کی کرتے ہیں قال و قیل

شیرو پلنگ گرگ و ہرن چیونٹی و فیل   کوّا بیڑ ہنس لکھٹر بز گدھ و چیل

سب ڈھونڈتے پھریں ہیں غذا پیٹ کے لیے

جس کا شکم بھرا ہے وہ ہنستا ہے مثلِ پھول   خالی ہے جس کا پیٹ وہ روتا ہے ہو ملول

جب تک نہ اس گڑھے میں پڑے آکے خاک دھول   سؤجھے دھرم نہ دین نہ اللہ نہ رسولؐ

جو جو کوئی کرے سو بجا پیٹ کے لیے

زردار، مال دار، گدا، شاہ کیا وزیر   سردار، کیا غریب، تونگر ہو یا فقیر

ہر دم سبھوں کو دیکھا اسی حال میں اسیر   اپنی یہی دعا ہے شب و روز اے نظیر

دے شرم آبرو سے خدا پیٹ کے لیے

❖ ❖ ❖

پیسا نامہ

پیسے ہی کا امیر کے دل میں خیال ہے — پیسے ہی کا فقیر بھی کرتا سوال ہے

پیسا ہی فوجِ پیسا ہی جاہ و جلال ہے — پیسے ہی کا تمام یہ تنگ و دوال ہے

پیسا ہی رنگ روپ ہے پیسا ہی مال ہے

پیسا نہ ہو تو آدمی چرخے کی مال ہے

پیسے کی ڈھیر ہونے سے سب سیٹھ سانٹھ ہیں — پیسے کے زور و شور ہیں پیسے کے ٹھاٹھ ہیں

پیسے کے کوٹھے کوٹھیاں چھ سات آٹھ ہیں — پیسا نہ ہو تو پیسے کے پھر سانٹھ سانٹھ ہیں

پیسا ہی رنگ روپ ہے پیسا ہی مال ہے

پیسا نہ ہو تو آدمی چرخے کی مال ہے

پیسا نہ ہو تو ہاتھ بھی دمڑی کا دستا ہے — پیسے سے اونٹ لاکھ اشرفی کو ستا ہے

ہر وقت جس کے سامنے پیسا برستا ہے — لاوے ہے اونٹ کو کوئی ہاتھی کو ستا ہے

پیسا ہی رنگ روپ ہے پیسا ہی مال ہے

پیسا نہ ہو تو آدمی چرخے کی مال ہے

پیسا نہ ہو وے پاس تو کندن کے ہیں ڈلے — پیسے بغیر مٹی کے اس سے ڈلے بھلے

پیسے سے جتنی لاکھ کی اک لعل دے کے لے — پیسا نہ ہو تو کوڑی کو موتی کوئی نہ لے

پیسا ہی رنگ روپ ہے پیسا ہی مال ہے

پیسا نہ ہو تو آدمی چرخے کی مال ہے

پیسے سے چہرے تاش کے طرّے سنہرے ہیں — سیر و طرب کے عیش و مزے گہرے گہرے ہیں

ہر لحظہ ماہ عید نما شکل و چہرے ہیں — ہر دم بسنت، ہولی، دِوالی، دسہرے ہیں

پیسا ہی رنگ روپ ہے پیسا ہی مال ہے

پیسا نہ ہو تو آدمی چرخے کی مال ہے

پیسہ نہ ہو تو باغ کنویں سے ہوں	کھانے کو پوری اور پورے پھر کہاں سے ہوں

عیش و طرب کے ناگی دوے پھر کہاں سے ہوں	حلوا، کچوری، مال پوے پھر کہاں سے ہوں

پیسا ہی رنگ روپ ہے پیسا ہی مال ہے

پیسا نہ ہو تو آدمی چرخے کی مال ہے

پیسا جو ہو تو دیو کی گردن کو باندھ لائے	پیسا نہ ہو تو مکڑی کے جالے سے خوف کھائے

پیسے سے لالہ بھیّا جی اور چودھری کہائے	بن پیسے ساہوکار بھی اک چور سا دکھائے

پیسا ہی رنگ روپ ہے پیسا ہی مال ہے

پیسا نہ ہو تو آدمی چرخے کی مال ہے

چہرہ بھی لعلِ لبِ درِ عدن کے بیچ ہے	گر درب ہے تو سیر بھی گلشن کے بیچ ہے

پوری بھگت بھی پیسے کے سمرن کے بیچ ہے	درشن بھی خوب روپ کا سب دھن کے بیچ ہے

پیسا ہی رنگ روپ ہے پیسا ہی مال ہے

پیسا نہ ہو تو آدمی چرخے کی مال ہے

جوڑے چمن بہار میں پیسے کے واسطے	گہنے مرصّع کار ہیں پیسے کے واسطے

خوشبو کے پھول ہار ہیں پیسے کے واسطے	سب نقش اور نگار ہیں پیسے کے واسطے

پیسا ہی رنگ روپ ہے پیسا ہی مال ہے

پیسا نہ ہو تو آدمی چرخے کی مال ہے

رونق بہار ہوتی ہے پیسے سے سب حصول	اور جو نہ ہووے چہرہ سے اڑتی ہے خاک دھول

پیسا ہی ساری چیز ہے پیسا ہی مردِ مول	بے پیسے آدمی ہے جہاں بیچ نا قبول

پیسا ہی رنگ روپ ہے پیسا ہی مال ہے

پیسا نہ ہو تو آدمی چرخے کی مال ہے

پیسے سے مونی چونی کا عز و وقار ہے	پیسے سے اعتبار ہے اور افتخار ہے

پیسے میں گرمی ہو تو وہ بھی بہار ہے	پیسے بغیر شادی بھی ہووے تو خوار ہے

پیسا ہی رنگ روپ ہے پیسا ہی مال ہے

پیسا نہ ہو تو آدمی چرخے کی مال ہے

پیسا ہی جس دلاتا ہے انساں کے ہات کو پیسا ہی زیب دیتا ہے بیاہ اور برات کو

بھائی سگا بھی آن کے پوچھے نہ بات کو بن پیسے یارو دلہا بنے آدھی رات کو

پیسا ہی رنگ روپ ہے پیسا ہی مال ہے

پیسا نہ ہو تو آدمی چرخے کی مال ہے

پیسے نے جس مکاں میں بچھایا ہے اپنا جال کھینچتے ہیں اس مکاں میں فرشتوں کے پر و بال

پیسے کے آگے کیا ہیں یہ محبوب خوش جمال پیسا پری کو لائے پرستان سے نکال

پیسا ہی رنگ روپ ہے پیسا ہی مال ہے

پیسا نہ ہو تو آدمی چرخے کی مال ہے

تیغ اور سپر اٹھاتے ہیں پیسے کی چاٹ پر تیر و سناں لگاتے ہیں پیسے کی چاٹ پر

میداں میں زخم کھاتے ہیں پیسے کی چاٹ پر یاں تک کہ سر کٹاتے ہیں پیسے کی چاٹ پر

پیسا ہی رنگ روپ ہے پیسا ہی مال ہے

پیسا نہ ہو تو آدمی چرخے کی مال ہے

عالم میں خیر کرتے ہیں پیسے کے زور سے بنیاد دیر کرتے ہیں پیسے کے زور سے

دوزخ میں سیر کرتے ہیں پیسے کے زور سے جنّت کی سیر کرتے ہیں پیسے کے زور سے

پیسا ہی رنگ روپ ہے پیسا ہی مال ہے

پیسا نہ ہو تو آدمی چرخے کی مال ہے

دیں دار اس سے دہر میں کہلاتا نام ہے پیسا جہاں کے بیچ وہ قائم مقام ہے

پیسا ہی جسم و جان ہے پیسا ہی کام ہے پیسے ہی کا نظیر یہ آدم غلام ہے

پیسا ہی رنگ روپ ہے پیسا ہی مال ہے

پیسا نہ ہو تو آدمی چرخے کی مال ہے

خوش آمد

دل خوشامد سے ہر اک شخص کا کیا راضی ہے

آدمی ، جن و پری ، بھوت ، بلا راضی ہے

بھائی ، فرزند بھی خوش ، باپ ، چچا ، راضی ہے

شاہ مسرور ، غنی شاد ، گدا راضی ہے

جو خوشامد کرے ، خلق اس سے صدا راضی ہے

سچ تو یہ ہے کہ خوشامد سے خدا راضی ہے

اپنا مطلب ہو تو مطلب کی خوشامد کیجیے

اور نہ کام تو اس ڈھب کی خوشامد کیجیے

انبیا اولیا اور رب کی خوشامد کیجیے

اپنے مقدور و غرض سب کی خوشامد کیجیے

جو خوشامد کرے ، خلق اس سے صدا راضی ہے

سچ تو یہ ہے کہ خوشامد سے خدا راضی ہے

چار دن جس کی خوشامد سے کیا جھک کے سلام

وہ بھی خوش ہو گیا اپنا بھی ہوا کام میں کام

بڑے عاقل بڑے دانا نے نکالا ہے یہ دام

خوب دیکھا ہے تو خوشامد ہی کی آمد ہے تمام

جو خوشامد کرے ، خلق اس سے صدا راضی ہے

سچ تو یہ ہے کہ خوشامد سے خدا راضی ہے

مفلس ، ادنٰی و غنی کی بھی خوشامد کیجیے

یا بخیل اور سخی کی بھی خوشامد کیجیے

دیو و شیطان و پری کی بھی خوشامد کیجیے

گر ولی ہو تو ولی کی بھی خوشامد کیجیے

جو خوشامد کرے ، خلق اس سے صدا راضی ہے

سچ تو یہ ہے کہ خوشامد سے خدا راضی ہے

پیار سے جوڑ دیے ہاتھ جس طرف کے آہ

وہیں خوش ہو گیا کرتے ہی وہ ہاتھوں پہ نگاہ

غور سے ہم نے جو اس بات کو دیکھا واللہ

کچھ خوشامد ہی بڑی چیز ہے اللہ اللہ

جو خوشامد کرے ، خلق اس سے صدا راضی ہے

سچ تو یہ ہے کہ خوشامد سے خدا راضی ہے

عیش کرتے ہیں وہیں جن کا خوشامد کا مزاج

جو نہیں کرتے وہ رہتے ہیں ہمیشہ محتاج

ہاتھ آتا ہے خوشامد سے مکاں ملک اور راج

کیا ہی تاثیر کی اس نسخہ نے پائی ہے رواج

جو خوشامد کرے ، خلق اس سے صدا راضی ہے

سچ تو یہ ہے کہ خوشامد سے خدا راضی ہے

گر بھلا ہو ، تو بھلے کی بھی خوشامد کیجیے

اور بُرا ہو ، تو برے کی بھی خوشامد کیجیے

پاک ، ناپاک ، سڑے کی بھی خوشامد کیجیے
کتّے ، بلّی و گدھے کی بھی خوشامد کیجیے
جو خوشامد کرے ، خلق اس سے صدا راضی ہے
سچ تو یہ ہے کہ خوشامد سے خدا راضی ہے

خوب دیکھا تو خوشامد کی بڑی کھیتی ہے
غیر کیا ، اپنے ہی گھر بیچ یہ سکھ دیتی ہے
ماں خوشامد کے سبب چھاتی لگا لیتی ہے
نانی دادی بھی خوشامد سے دعا دیتی ہے
جو خوشامد کرے ، خلق اس سے صدا راضی ہے
سچ تو یہ ہے کہ خوشامد سے خدا راضی ہے

بی بی کہتی میاں آ ترے صدقے جاؤں
ساس بولی کہیں مت جا تیرے صدقے جاؤں
خالا کہتی ہے کہ کچھ کھا تیرے صدقے جاؤں
سالی کہتی ہے کہ بھیّا تیرے صدقے جاؤں
جو خوشامد کرے ، خلق اس سے صدا راضی ہے
سچ تو یہ ہے کہ خوشامد سے خدا راضی ہے

آ پڑا ہے جو خوشامد سے سروکار اسے
ڈھونڈتے پھرتے ہیں الفت کے خریدار اسے
آشنا ملتے ہیں اور چاہے بھی سب یار اسے
اپنے بیگانے غرض کرتے ہیں سب پیار اسے

جو خوشامد کرے ، خلق اس سے صدا راضی ہے

سچ تو یہ ہے کہ خوشامد سے خدا راضی ہے

روکھی اور روغنی آبی کی خوشامد کیجیے

نان بانی و کبابی کی خوشامد کیجیے

ساقی و جام شرابی کی خوشامد کیجیے

پارسا رند خرابی کی خوشامد کیجیے

جو خوشامد کرے ، خلق اس سے صدا راضی ہے

سچ تو یہ ہے کہ خوشامد سے خدا راضی ہے

جو کہ کرتے ہیں خوشامد وہ بڑے ہیں انساں

جو نہیں کرتے وہ رہتے ہیں ہمیشہ حیراں

ہاتھ آتے ہیں خوشامد سے ہزاروں ساماں

جس نے یہ بات نکالی ہے میں اس کے قرباں

جو خوشامد کرے ، خلق اس سے صدا راضی ہے

سچ تو یہ ہے کہ خوشامد سے خدا راضی ہے

کوڑی پیسے وٹکے زر کی خوشامد کیجیے

لعل و نیل و درو گوہر کی خوشامد کیجیے

اور جو پتھر ہو تو پتھر کی خوشامد کیجیے

نیک و بد جتنے ہیں یکسر کی خوشامد کیجیے

جو خوشامد کرے ، خلق اس سے صدا راضی ہے

سچ تو یہ ہے کہ خوشامد سے خدا راضی ہے

ہم نے ہر دل میں خوشامد کی محبت دیکھی
پیار ، اخلاق و کرم ، مہر و محبت دیکھی
دلبروں میں بھی خوشامد کی ہی الفت دیکھی
عاشقوں میں بھی خوشامد کی ہی چاہت دیکھی

جو خوشامد کرے ، خلق اس سے صدا راضی ہے
سچ تو یہ ہے کہ خوشامد سے خدا راضی ہے

گر نہ میٹھی ہو تو کڑوی بھی خوشامد کیجیے
کچھ نہ ہو پاس تو خالی بھی خوشامد کیجیے
جانی دشمن ہو تو اس کی بھی خوشامد کیجیے
سچ اگر پوچھو تو جھوٹی بھی خوشامد کیجیے

جو خوشامد کرے ، خلق اس سے صدا راضی ہے
سچ تو یہ ہے کہ خوشامد سے خدا راضی ہے

مرد و زن ، طفل و جواں ، خرد و کلاں ، پیر و فقیر
جتنے عالم میں ہیں ، محتاج و گدا ، شاہ و وزیر
سب کے دل ہوتے ہیں پھندے میں خوشامد کے اسیر
تو بھی واللہ بڑی بات یہ کہتا ہے نظیر

جو خوشامد کرے ، خلق اس سے صدا راضی ہے
سچ تو یہ ہے کہ خوشامد سے خدا راضی ہے

❧ ❧ ❧

گلہری کا بچہ

لیے پھرتا ہے یوں تو ہر بشر بچہ گلہری کا

ہر اک استاد کے رہتا ہے گھر بچہ گلہری کا

ولیکن ہے ہمارا اس قدر بچہ ہے گلہری کا

دکھاویں ہم کسی لڑکے کو گر بچہ گلہری کا

تو دم میں لوٹ جائے دیکھ کر بچہ گلہری کا

سفیدی میں وہ کالی دھاریاں ایسی رہی ہے بن

کہ جیسے گال پر لڑکوں کے چھوٹے زلف کی ناگن

کناری دار پٹا جس میں گھنگرو کر رہے ہے چھن چھن

گلے میں ہنسلی ، پاؤں میں کڑے اور ناک میں لٹکن

رہا ہے سربسر گہنے میں بھر ، بچہ گلہری کا

کسی سردار کے دل میں جو آیا ایک دن یارو

کہ دیکھے گھر بلا کر عشق بازوں کے ہنر کو وہ

کہا اس نے کہ ہاں اس ڈھب کے استادوں کو لے آؤ

سو نوکر اس کا سب میں ڈھونڈھ چن کر لے گیا ہم کو

نہ تھا ہم پاس اس دم کچھ مگر بچہ گلہری کا

وہ دیکھے تو بری صورت برا حال اور پھٹے کپڑے

بڑے داڑھی کے بال اور زرد منہ، آنکھوں میں آنسو سے

بندھی میلی سی پگڑی اور ٹکڑے انگرکھے کے

وہ کپڑے گو پھٹے تھے ہم پر اپنے فن میں تھے پورے

لگا رکھتے تھے ایسے وقت پر بچہ گلہری کا

❧ ❧ ❧

آٹا دال

کیا کہوں نقشہ میں یارو خلق کے احوال کا

اہلِ دولت کا چلن یا مفلس و کنگال کا

یہ بیاں تو واقعی ہے ہر کسی کے حال کا

کیا تونگر ، کیا غنی ، کیا پیر اور کیا بالکا

سب کے دل کو فکر ہے دن رات آٹے دال کا

گر نہ آٹے دال کا اندیشہ ہوتا سدِ راہ

تو نہ پھرتے ملک گیری کو وزیر و بادشاہ

ساتھ آٹے دال کے ، لے حشمت و فوج و سپاہ

جا بجا گڑھ کوٹ سے لڑتے ہوئے پھرتے ہیں آہ

سب کے دل کو فکر ہے دن رات آٹے دال کا

گر نہ آٹے دال کا ہوتا قدم یاں درمیاں

منشی و میر و وزیر و بخشی و نواب و خاں

جاگتے دربار کیوں آدھی   آدھی رات ہاں

کیا عجب نقشہ پڑا ہے آہ کیا کیجیے بیاں

سب کے دل کو فکر ہے دن رات آٹے دال کا

گر نہ آٹے دال کا یاں کھٹکا ہوتا بار بار

دوڑتے کاہے کو پھرتے دھوپ میں پیادے سوار

اور جتنے ہیں جہاں میں پیشہ ور اور پیشہ دار

ایک بھی جی پر نہیں ہے اس سوا صبر و قرار

سب کے دل کو فکر ہے دن رات آٹے دال کا

اپنے عالم میں یہ آٹا بھی کیا فرد ہے

حسن کی آن وادا سب اس کے آگے گرد ہے

عاشقوں کا بھی اسی کے عشق سے منہ زرد ہے

تا کجا کہیے کہ کیا وہ مرد ، کیا نامرد ہے

سب کے دل کو فکر ہے دن رات آٹے دال کا

اب جنھیں اللہ نے یاں کر دیا کامل فقیر

وہ تو بے پرواہ سخی داتا ہیں آپی دل پذیر

اور جتنے ہیں وہ سب ہیں دال آٹے کے اسیر

ان غریبوں کی یہی اب شکل ہے گی اے نظیر

سب کے دل کو فکر ہے دن رات آٹے دال کا

عیدالفطر

ہے عابدوں کی طاقت و تجرید کی خوشی   اور زاہدوں کو دہد کی ، تمہید کی خوشی

رند ، عاشقوں کو ہے کئی اُمید کی خوشی   کچھ دلبروں کے وصل کی ، کچھ دید کی خوشی

ایسی نہ شب برات نہ بقرعید کی خوشی

جیسی ہر اک دل میں ہے اس عید کی خوشی

روزے کی خُشکیوں سے جو ہیں زرد زرد گال   خوش ہوگئے وہ دیکھتے ہی عید کا ہلال

پوشاکیں تن میں زرد ، سنہری ، سفید ، لال   دل کیا کہ ہنس رہا ہے پڑا تن کا بال بال

ایسی نہ شب برات نہ بقرعید کی خوشی

جیسی ہر اک دل میں ہے اس عید کی خوشی

پچھلے پہر سے اٹھ کے نہانے کی دھوم ہے   شیر و شکر سویّاں پکانے کی دھوم ہے

پیر و جواں کو نعمتیں کھانے کی دھوم ہے   لڑکوں کو عیدگاہ کے جانے کی دھوم ہے

ایسی نہ شب برات نہ بقرعید کی خوشی

جیسی ہر اک دل میں ہے اس عید کی خوشی

بیٹھے ہیں پھول پھول کے میخانوں میں کلال   اور بھنگ خانوں میں بھی ہیں سرسبزیاں کمال

چنتی ہیں بھنگیں اڑتے ہیں چرسوں کے دم نڈال   دیکھو جدھر کو سیر مزا عیش قیل و قال

ایسی نہ شب برات نہ بقرعید کی خوشی

جیسی ہر اک دل میں ہے اس عید کی خوشی

کوئی تو مست پھرتا ہے جام شراب سے   کوئی پکارتا ہے کہ چھوٹے عذاب سے

کلّا کسی کا پھولا ہے لڈو کی چاپ سے   چٹکاریں جی میں بھرتے ہیں نان و کباب سے

ایسی نہ شب برات نہ بقرعید کی خوشی

جیسی ہر اک دل میں ہے اس عید کی خوشی

جو جو کہ ان کے حسن کی رکھتے ہیں دل سے چاہ   جاتے ہیں ان کے ساتھ لگے تا بہ عیدگاہ

توپوں کے شور اور دوگانوں کی رسم و راہ   میانے، کھلونے، سیر مزے، عیش، واہ واہ

ایسی نہ شب برات نہ بقرعید کی خوشی

جیسی ہر اک دل میں ہے اس عید کی خوشی

روزوں کی سختیوں میں نہ ہوتے اگر اسیر   تو ایسی عید کی نہ خوشی ہوتی دل پذیر

سب شاد ہیں گدا سے لگا شاہ تا وزیر   دیکھا جو ہم نے خوب تو سچ ہے میاں نظیر

ایسی نہ شب برات نہ بقرعید کی خوشی

جیسی ہر اک دل میں ہے اس عید کی خوشی

❖ ❖ ❖

دِوالی

ہر اک مکاں میں جلا پھر ، دیا دوالی کا

ہر اک طرف کو اجالا ہوا ، دوالی کا

سبھی کے دل میں سماں بھا گیا ، دوالی کا

کسی کے دل کو مزا خوش لگا ، دوالی کا

عجب بہار کا ہے دن بنا دوالی کا

جہاں میں یارو ، عجب طرح کا ہے یہ تیوہار

کسی نے نقد لیا اور کوئی کرے ہے ادھار

کھلونے ، کھیلوں ، بتاشوں کا گرم ہے بازار

ہر اک دکاں میں چراغوں کی ہو رہی ہے بہار

سبھوں کو فکر ہے اب جابجا دوالی کا

مٹھائیوں کی دکانیں لگا کے حلوائی

پکارتے ہیں کہ لالہ دوالی ہے آئی

بتاسے لے کوئی ، برفی کسی نے تلوائی

کھلونے والوں کی ان سے زیادہ بن آئی

گویا انھوں کے واں راج آ گیا دوالی کا

صرف حرام کی کوڑی کا جن کا ہے بیوپار

انھوں نے کھایا ہے اس دن کے واسطے ہی ادھار

کہے ہیں ہنس کے قرض خواہ سے ہر اک اک بار

دوالی آئی ہے سب دے چلائیں گے اے یار

خدا کے فضل سے ہے آسرا دوالی کا

مکان لیپ کے ٹھلیا جو کوری رکھوائی

جلا چراغ کو کوڑی وہ جلد جھنکائی

اصل جواری تھے ان میں تو جان سی آئی

خوشی سے کود اچھل کر پکارے او بھائی

شگون پہلے کرو تم ذرا دوالی کا

شکن کی بازی لگی پہلے یار گنڈے کی

پھر اس سے بڑھ کے لگی تین چار گنڈے کی

پھری جو ایسی طرح بار بار گنڈے کی

تو آگے لگنے لگی پھر ہزار گنڈے کی

کمال نرخ لگا پھر تو آ دوالی کا

جہاں میں یہ جو دوالی کی سیر ہوتی ہے

تو زر سے ہوتی ہے اور زر بغیر ہوتی ہے

جو ہارے ان پہ خرابی کی فیر ہوتی ہے

اور ان میں آن کے جن جن کی خیر ہوتی ہے

تو آڑے آتا ہے ان کے دیا دوالی کا

دنیا میں سب دم کا تماشا ہے

جہاں میں جب تلک یارو ، ہمارے جسم میں دم ہے
کبھی ہنسنا ، کبھی رونا ، کبھی شادی ، کبھی غم ہے
کہیں کس کس سے کیا کیا ، ایک دم کے ساتھ عالم ہے
مگر جو صاحب دم ہے وہ ، اس نکتے سے محرم ہے

جو آیا دم ، تو آدم ہے ، اسی آدم کا آدم ہے
نہ آیا دم ، تو پھر دم میں نہ آدم ہے ، نہ جا دم ہے

مشقت ، محنتوں سے جمع کرنا دام درہم کا
تعلق رنج راحت کا تفکّر پیش اور کم کا
کبھی سامان عشرت کا ، کبھی اسباب ماتم کا
کہوں کیا کیا غرض یارو ، یہ جھگڑا سب اسی دم کا

جو آیا دم ، تو آدم ہے ، اسی آدم کا آدم ہے
نہ آیا دم ، تو پھر دم میں نہ آدم ہے ، نہ جا دم ہے

اسی دم کے کہوں میں سیم اور زر میں تھیڑے ہیں
اسی کے واسطے عطر اور گلابوں کے تڑیڑے ہیں
جلیبی ، امرتی ، برفی ، گلابی ، لڈّو ، پیڑے ہیں
غرض میں کیا کہوں یارو ، یہ سب دم کے بکھیڑے ہیں

جو آیا دم ، تو آدم ہے ، اسی آدم کا آدم ہے
نہ آیا دم ، تو پھر دم میں نہ آدم ہے ، نہ جا دم ہے

اسی دم کے لیے کیا محل یہ سنگیں تراشے ہیں
اسی کے واسطے زریسم کے تولے و ماشے ہیں

بہار و باغ و صحرا صید اور شکرے و باشے ہیں
فقط دم کے ہی آنے کے یہ سب یارو تماشے ہیں
جو آیا دم ، تو آدم ہے ، اسی آدم کا آدم ہے
نہ آیا دم ، تو پھر دم میں نہ آدم ہے ، نہ جادم ہے

یہی دم باقی گھوڑے پالکی ہودج پہ چڑھتا ہے
یہی دم بے کسی میں ننگے پاؤں سے کھدڑتا ہے
کوئی مفلس ہو گھٹتا ہے کو،ئی عمدہ ہو بڑھتا ہے
جو کچھ ہے اوچ نیچ اے یارو، یہ سب دم ہی گھڑتا ہے
جو آیا دم ، تو آدم ہے ، اسی آدم کا آدم ہے
نہ آیا دم ، تو پھر دم میں نہ آدم ہے ، نہ جادم ہے

اسی دم کے لیے یہ سب بنے ہیں سکھ زمانے کے
مزے عیش و طرب کے اور تحمل دکھ اٹھانے کے
جہاں تک شادی و غم ہیں جہاں کے کارخانے کے
یہ سب دکھ سکھ ہیں اے یارو، اسی اک دم کے آنے کے
جو آیا دم ، تو آدم ہے ، اسی آدم کا آدم ہے
نہ آیا دم ، تو پھر دم میں نہ آدم ہے ، نہ جادم ہے

اسی دم کے لیے بدلی میں بگلوں کی قطاریں ہیں
اسی کے واسطے ابر و ہوا اور منہ کی دھاریں ہیں
چمن ، گلزار ، بوٹا ، پھول ، پھل اور آبشاریں ہیں
نظیر اب کہے یارو ، یہ سب دم کی بہاریں ہیں
جو آیا دم ، تو آدم ہے ، اسی آدم کا آدم ہے
نہ آیا دم ، تو پھر دم میں نہ آدم ہے ، نہ جادم ہے

تربوز

کیوں نہ ہو سبز زمرد کے برابر تربوز
کرتا ہے خشک کلیجے کے تئیں تر ، تربوز
دل کی گرمی کو نکالے ہے یہ اکثر تربوز
جس طرف دیکھیے ، بہتر سے ہے بہتر تربوز
اب تو بازار میں بکتے ہیں سراسر تربوز

کتنے ہیں کھاتے نزاکت سے ، تراش اوس میں دھر
تاکہ سینہ ہو خنک ، سردی سے ٹھنڈا ہو جگر
کتنے شربت ہی کے پیتے ہیں کٹورے بھر بھر
کتنے بچوں کو کھٹکتے ہیں خوشی ہو ہو کر
کتنے کھاتے ہیں کفایت سے منگا کر تربوز

میٹھے اور سرد ہیں اتنے کہ ذرا نام لیے
ہونٹھ چپکے ہیں جدا دانت ہیں کر کر بجتے
شب کو دو چار منگا کر جو تراشے میں نے
کیا کہوں میں ، وہ مٹھائی میں کہ کیسے نکلے
کوئی امولا ، کوئی مصری ، کوئی شکّر تربوز

مجھ سے کل یار نے منگوایا جو دے کر پیسا
اس میں ٹانکی جو لگائی تو وہ نکلا کچا
دیکھ تیوری کو چڑھا ، ہو کے غضب طیش میں آ
کچھ نہ بن آیا تو پھر گھور کے یہ کہنے لگا
کیوں بے ، لایا ہے اٹھا کر یہ مرا سر تربوز

جب کہا میں نے میاں یہ تو نہیں ہے کچّا

اور کچّا ہے تو میں پیٹ میں بیٹھا تو نہ تھا

اس کے سنتے ہی غضب ہوکے وہ لال انگارا

لاٹھی پاٹھی جو نہ پائی تو پھر آخر جھنجلا

کھینچ مارا مرے سینے پہ ، اُٹھا کر تربوز

کیوں میاں ، ہم کو جو تم کرتے ہو کٹکڑی کھیرا

کوسنا ہر گھڑی ، ہر آن کا ہوتا ہے برا

تم کو کیا پڑ گیا ملنے کا رقیبوں سے مزا

جھوٹی قسمیں یہ مرے سر کی جو کھاتے ہو بھلا

کیا مرے سر کو کِیا تم نے مقرّر تربوز

پیار سے جب ہے وہ تربوز کبھی منگواتا

چھلکا اس کا مجھے ٹوپی کی طرح دے پہنا

اور یہ کہتا ہے پھینکا تو چکھاؤں گا مزا

کیا کہوں یارو ، میں اس شوخ کے ڈر کا مارا

دو دو دن رکھے ہوئے پھرتا ہوں سر پر تربوز

رات اس شوخ سے میں نے یہ پہیلی میں کہا

بھیگی بکری کسے کہتے ہیں بتاؤ تو بھلا

اس پہیلی کے تئیں سن کے پڑے سوچ میں آ

جب نہ سمجھا ، تو کہا ہار کے اب تو ہی بتا

سن کے جب میں نے کہا اے مرے دلبر تربوز

بہار

گلشنِ عالم میں جب تشریف لاتی ہے بہار
رنگ و بو کے حسن کیا کیا کچھ دِکھاتی ہے بہار

صبح کو لاکر نسیمِ دل کُشا ہر شاخ پر
تازہ تر، کس کس طرح کے گُل کھلاتی ہے بہار

بلبلیں چہکارتی ہیں، شاخِ گل پر جابجا
بلبلیں کیا، فی الحقیقت چہچہاتی ہے بہار

حوض و فوّاروں کے دے کر آبرو، پھر لطف سے
کیا مُطرّ فرش سبزے کا بچھاتی ہے بہار

جنبشِ بادِ صبا سے، ہو کے ہم دوشِ نشاط
ساتھ ہر سبزے کے کیا کیا لہلہاتی ہے بہار

خلق کو ہر لحظہ اپنے حسن کی رنگت دکھا
بے تکلف کیا ہی ہر دل میں سماتی ہے بہار

گل رخوں کی دیکھ کر گل بازیاں ہر دم نظیر
گل اِدھر خنداں، اُدھر دھومیں مچاتی ہے بہار

❋ ❋ ❋

انسان خاک کا پتلا ہے

دنیا میں کوئی شاد ، کوئی دردناک ہے
یا خوش ہے ، یا الم کے سبب سینہ چاک ہے
ہر ایک دم سے جان کا ہر دم پتاک ہے
ناپاک ہے ، پلید نجس ، یا کہ پاک ہے
جو خاک سے بنا ہے ، وہ آخر کو خاک ہے

ہے آدمی کی ذات کا اس جا بڑا ظہور
لے عرش تا بہ فرش چمکتا ہے اس کا نور
گذرے ہے ان کی قبر پر جب وحش یا طیور
رو رو یہی کہے ہے ہر اک قبر کے حضور
جو خاک سے بنا ہے ، وہ آخر کو خاک ہے

وہ شخص تھے جو ساتھ ولایت کے بادشاہ
حشمت میں جن کی عرش سے اونچی تھی بارگاہ
مرتے ہی ان کے تن ہوئے گلیوں کی خاک راہ
اب ان کے حال کی بھی یہی بات ہے گواہ
جو خاک سے بنا ہے ، وہ آخر کو خاک ہے

عمدوں کے تن کو تابنے کے صندوق میں دھرا
مفلس کا تن پڑا رہا مائی اُپر پڑا
قائم یہاں یہ اور نہ ثابت وہ واں رہا
دونوں کو خاک کھا گئی یارو ، کہوں میں کیا
جو خاک سے بنا ہے ، وہ آخر کو خاک ہے

گر ایک کو ہزار روپے کا ملا کفن
اور اک یونہی پڑا رہا بے کس ، برہنہ تن
کیڑے مکوڑے کھا گئے دونوں کے تن بدن
دیکھا جو ہم نے آہ تو سچ ہے یہی سخن
جو خاک سے بنا ہے ، وہ آخر کو خاک ہے

جتنے جہاں میں ناج ہیں ، کنگی سے تا گیہوں
اور جتنے میوجات ہیں تر خشک گوناگوں
کپڑے جہاں تلک ہیں سپید و سیہ نموں
کمخواب ، تاش ، بادلہ کس کس کا نام لوں
جو خاک سے بنا ہے ، وہ آخر کو خاک ہے

جتنے جہاں میں دیکھو ہو ، بوٹے سے تا بہ جھاڑ
بڑ ، پیپل ، آنب ، نیمب ، چھوارا ، کھجور ، تاڑ
سب خاک ہوں گے ، جب کہ فنا ڈالے کی اکھاڑ
کیا بوٹے ڈیرہ پات کے ، کیا جھار کیا پہاڑ
جو خاک سے بنا ہے ، وہ آخر کو خاک ہے

جتنا یہ خاک کا ہے طلسمات بن رہا
پھر خاک اس کو ہونا ہے یارو، جدا جدا
ترکاری ، ساگ ، پات ، زہر ، امرت اور دوا
زر سیم ، کوڑی ، نعل ، زمرّد اور ان سوا
جو خاک سے بنا ہے ، وہ آخر کو خاک ہے

گڑھ کوٹ ، توپ ، رہکلہ ، تیغ و کمان و تیر
باغ و چمن محل و مکانات دل پذیر
ہونا ہے سب کو آہ اسی خاک میں خمیر
میری زباں پہ اب تو یہی بات ہے نظیر
جو خاک سے بنا ہے ، وہ آخر کو خاک ہے

بنجارا

ٹک حرص و ہوا کو چھوڑ میاں ، مت دیس بدیس پھرے مارا

قزّاق اجل کا لوٹے ہے ، دن رات بجاکر نقارا

کیا بدھیا ، بھینسا ، بیل ، شتر ، کیا گوئی پلا سر بھارا

کیا گیہوں ، مچا نول ، موٹھ ، مٹر کیا ، آگ دھواں کیا انگارا

سب ٹھاٹ پڑا رہ جاوے گا ، جب لاد چلے گا بنجارا

گر تو ہے لکّھی بنجارا ، اور کھیپ بھی تیری بھاری ہے

اے غافل ، تجھ سے بھی چڑھتا ، اک اور بڑا بیوپاری ہے

کیا شکّر ، مصری ، قند ، گری ، کیا سانبھر ، میٹھا ، کھاری ہے

کیا داکھ ، منقّا ، سونٹھ ، مرچ ، کیا کیسر ، لونگ ، سپاری ہے

سب ٹھاٹ پڑا رہ جاوے گا ، جب لاد چلے گا بنجارا

تو بدھیا لادے ، بیل بھرے ، جو پورب پچھّم جاوے گا

یا سود بڑھا کر لادے گا ، یا ٹوٹا گھاٹا پاوے گا

قزّاق اجل کا رستے میں ، جب بھالا مار گراوے گا

دھن دولت ، ناتی پوتا ، کیا اک کنبہ کام نہ آوے گا

سب ٹھاٹ پڑا رہ جاوے گا ، جب لاد چلے گا بنجارا

ہر منزل میں اب ساتھ ترے ، یہ جنیا ڈیرا ڈانڈا ہے

زر ، دام ، درم کا بھانڈا ہے بندوق ، سپر اور کھانڈا ہے

جب نایک تن کا نکل گیا ، جو ملکوں باندا ہے

پھر ہانڈا ہے ، نہ بھانڈا ہے ، نہ حلوا ہے ، نہ مانڈا ہے

سب ٹھاٹ پڑا رہ جاوے گا ، جب لاد چلے گا بنجارا

جب چلتے چلتے رستہ میں ، یہ گون تری ڈھل جاوے گی

اک بدھیا تیری مٹی پر ، پھر گھاس نہ چرنے آوے گی

یہ کھیپ جو تو نے لادی ہے ، سب حصوں میں بٹ جاوے گی

دھی ، پوت ، جنوائی ، بیٹا کیا ، بنجارن پاس نہ آوے گی

سب ٹھاٹ پڑا رہ جاوے گا ، جب لاد چلے گا بنجارا

یہ کھیپ بھرے جو جاتا ہے ، یہ کھیپ میاں مت گن اپنی

اب کوئی گھڑی ، پل ، ساعت میں ، یہ کھیپ بدن کی ہے کھپنی

کیا تھال ، کٹورے چاندی کے ، کیا پیتل کی ڈیبا ، ڈھپنی

کیا برتن سونے روپے کے ، کیا مٹی کی ہنڈیا ، چینی

سب ٹھاٹ پڑا رہ جاوے گا ، جب لاد چلے گا بنجارا

کیوں جی پر بوجھ اُٹھاتا ہے ، ان گونوں بھاری بھاری کے

جب موت لٹیرا آن پڑا ، پھر دونے ہیں بیوپاری کے

کیا ساز جڑاؤ ، زر ، زیور ، کیا گوٹے ، تھان کناری کے

کیا گھوڑے زین سنہری کے ، کیا ہاتھی لال عماری کے

سب ٹھاٹ پڑا رہ جاوے گا ، جب لاد چلے گا بنجارا

مغرور نہ ہو تلواروں پر ، مت پھول بھروسے ڈھالوں کے

سب پٹا تو ڑ کے بھاگیں گے ، منہ دیکھ اجل کے بھالوں کے

کیا ڈبّے موتی ہیروں کے ، کیا ڈھیر خزانے مالوں کے

کیا بقچے تاش منجّر کے ، کیا تختے شال دوشالوں کے

سب ٹھاٹ پڑا رہ جاوے گا ، جب لاد چلے گا بنجارا

ہر آن نفع اور ٹوٹے میں ، کیوں مرتا پھرتا ہے بن بن

ٹک غافل دل میں سوچ ذرا ، ہے ساتھ لاگا تیرے دشمن

کیا لونڈی ، باندھی ، دائی ، دَدَا ، کیا بندا ، چیلاک نیک چلن

کیا مندر ، مسجد ، تال کنویں ، کیا گھاٹ سرا ، کیا باغ چمن

سب ٹھاٹ پڑا رہ جاوے گا ، جب لاد چلے گا بنجارا

جب مرگ پھرا کر چابک کو ، یہ بیل بدن کا ہانکے گا

کوئی ناج سمیٹے گا تیرا ، کوئی گون سیے اور ٹانکے گا

ہو ڈھیر اکیلا جنگل میں ، تو خاک لحد کی پھانکے گا

اس جنگل میں پھر آہ نظیر اک بھنگا آن نہ جھانکے گا

سب ٹھاٹ پڑا رہ جاوے گا ، جب لاد چلے گا بنجارا

فنا

جہاں ہے جب تلک یاں سیکڑوں شادی و غم ہوں گے
ہزاروں عاشق جانباز اور لاکھوں صنم ہوں گے
کنار و بوس اور عیش و طرب بھی دم بدم ہوں گے
مگر جتنے یہ اپنی صف کے ہیں یہ سب عدم ہوں گے
نہ یہ چہلیں نہ ، یہ دھومیں ، نہ یہ چرچے بہم ہوں گے
میاں اک دن وہ آوے گا، نہ تم ہوگے، نہ ہم ہوں گے

تمھارا اب ہے جتنا حسن کا عالم ، غنیمت ہے
اگر ہے بیش تو بہتر ، وگر نہ کم غنیمت ہے
ہمارا دیکھنا اور عاشقی کا غم ، غنیمت ہے
بھروسہ کچھ نہیں دم کا ، عزیزو ، دم غنیمت ہے
نہ یہ چہلیں نہ ، یہ دھومیں ، نہ یہ چرچے بہم ہوں گے
میاں اک دن وہ آوے گا، نہ تم ہوگے، نہ ہم ہوں گے

اگر تم نے ہمارے دل کو دُکھ دے دے کے ترسایا
غلط فہمی تمھاری ، یا کہ جس نے تم کو سکھلایا
گیا جب وقت کافر ہاتھ سے ، پھر ہاتھ کب آیا
غرض ہم نے تو اب بھی ، اور تمھیں آگے بھی سمجھایا
نہ یہ چہلیں نہ ، یہ دھومیں ، نہ یہ چرچے بہم ہوں گے
میاں اک دن وہ آوے گا، نہ تم ہوگے، نہ ہم ہوں گے

ہمیں ہے بیقراری ، اور تمھیں ہر دم طرحداری
غنیمت ہے ، ہماری اور تمھاری گرم بازاری
نظیر اب کیا کہے آگے ، غرض آخر بلا چاری
کہاں پھر ہم ، کہاں پھر تم ، کہاں الفت ، کہاں یاری
نہ یہ چہلیں نہ ، یہ دھومیں ، نہ یہ چرچے بہم ہوں گے
میاں اک دن وہ آوے گا، نہ تم ہوگے، نہ ہم ہوں گے